1인 블로거에서
미디어제국
CEO까지

당신의 꿈과 목표를 이루게 하는 3가지 원칙

1인 블로거에서 미디어제국 CEO까지

레이첼 홀리스 지음 | 황보윤 옮김

이다미디어

CONTENTS

2장 지금 행동하자

3장 기술을 배우자

미안해, 그런데
사실은 미안하지 않아

내 삶을 내가 사는데 대체 뭐가 미안하지?

이 책을 쓰기 시작할 때의 제목은 '미안해, 그런데 사실은 미안하지 않아'였다. 하지만 노래 제목과 같은 제목으로 이 책을 쓰고 싶지 않았다.

2017년 늦은 여름이었다. 아주 맑은 월요일 아침이었는데 회사의 모든 스태프가 미팅을 시작하기 전의 춤을 추고 있었다.

우리는 항상 에너지를 모으고 제대로 된 멘털을 유지하기 위해 매주 팀에서 한 명씩 돌아가며 디제이를 맡아서 음악을 선정하고 큰 미팅 전에 다 같이 춤을 춘다. 나를 뺀 모든 스태프는 28세 아래인데, 나이에 걸맞게 즐겁고 신나는 비트가 가득한 음악들 중에는 내가 처음 듣는 음악이 많다. 데미 로바토Demi Lovato의 〈Sorry Not Sorry〉도 그런 노래 중 하나이다. 내 방식대로 나의 삶을 산다는 외침은 얼마나 매력적인가. 그 후로 나는 샤워할 때, 헬스장에서, 자동차 안에서 특히 나에게 용기를 주고 싶거나 기분 전환을 하고 싶을 때 이 노래를 꼭 듣는다.

내 삶을 내가 사는데 대체 미안한 게 무엇이란 말인가. 내가 무엇을 누구한테 미안해해야 한단 말인가. 남들이 나를 어떻게 생각하든 나는 조금도 개의치 않는 삶을 살고 있는데, 그거면 된 거 아닌가?

나는 작년 크리스마스 연휴 대부분을 감기로 보냈다. 그때 나는 주로 역사 속의 로맨스 소설들을 읽었는데 주인공 중 한 사람이, 사회가 자신을 뭐라고 생각하든 조금도 신경 쓰지 않는다는 말을 했다. 물론 나는 공감했다. 또한 나의 새해 다짐은 '쓸데없는 일에 신경 쓰지 않기'로 결정했다.

하지만 나는 여전히 사람들에게 잘 보이려는 짓을 하지 않으려고 노력하는 중이다. 다른 사람의 의견을 들으면서 내 인생을 바꾸려고 하면 그 기대에 갇혀 일이 잘 풀리지 않는다는 것을 잘 알면서도 그렇다. 심지어 누군가에게 전문적인 조언을 하면서도 나를 낮추고 적극적인 조언에 주저하게 된다. 매사 겸손해야 한다는 마음이 있기 때문이다.

사람은 누구나 남보다 더 잘하는 자신만의 무엇을 가지고 있다. 또한 그런 자기 자신을 믿는 마음이 있어야 한다. 그래야만 다른 사람의 생각에 상관없이 나만의 꿈과 가치에 집중할 수 있다.

예를 들어 터무니없는 꿈이나 아주 건방져 보이는 목표도 이루면 멋진 여자나 자랑스러운 워킹맘이 되는 것이고, 역으로 이루지 못하면 그저 사기꾼 같고 헛된 꿈을 가진 사람이 되는 것이다. 때문에 자신을 믿고 자신에게 집중하는 마음이 가장 중요하다.

가끔 인터넷에서 사람들이 나의 머리 스타일이나 옷이나 글 쓰는 스타일을 지적하는 악플이 달리면 나도 모르게 주저하고 의기소침해지는 때가 있다. 어떤 사람들은 악플이 무플보다 낫다고 하지만 부정적인 반응에 신경을 쓰는 것은 인지상정 아니겠는가. 그런데 이제 나는 남들이 나를 어떻게 생각할까에 대한 걱정으로 내 인생을 낭비하지 않기로 했다.

남들이 이해하지 못하더라도 내가 하고 싶은 것은 할 것이다. 내가 가진 꿈은 나의 것이고, 내가 이루어야 한다. 그보다 더 자유롭고 강한 힘이 있겠는가.

초등학교 교사가 되고 싶은가? 멋지다! 푸들을 핑크색으로 염색해주는 강아지 전문 미용 숍을 차리고 싶은가? 좋다! 유명 인사나 인플루언서가 되어서 늘 관심을 받고 호화로운 휴가를 가고 싶은가? 환상적이다! 그 꿈이 무엇이든, 그건 나의 것이기 때문에 소중하다.

누구한테 허락받을 일도 없고 굳이 명분을 만들 필요도 없다. 그저 내가 가진 목표와 꿈을 위해 첫걸음을 내딛고 지금 시작하면 되는 것이다.

아쉽게도 꿈을 이루기는커녕 시작도 하지 못한 채 스스로를 판단하고 주저앉는 사람을 나는 많이 보았다. 이런 사람들은 자신에게 아예 기회조차 주지 않고 스스로를 설득해서 아무것도 안 하고 때려치운다.

지금 이 글을 읽는 사람 중에도 무궁무진한 재능을 가진 사람이 많을 것이다. 세상을 바꿀 아이디어를 가진 사람도 있을 것이고, 최고의 애플리케이션을 개발할 사람, 멋진 패션 라인을 디자인할 사람, 더 유용한 미용 용품을 만들 사람도 있을 것이다. 아무도 생각하지 못한 꿈을 위해 자기 잠재력을 발휘하는 사람도 많을 것이다. 적어도 자신을 스스로 믿는 힘만 있다면 무엇이든 가능하다.

자신을 믿는 사람은 자신의 꿈을 이룬다

꿈은 항상 의문과 함께 시작한다. 그리고 그 의문은 '만약 ~한다면'에서 출발한다.

만약 학교로 돌아간다면 어떨까?

만약 아이디어 용품을 만들어낸다면 어떨까?

만약 42km를 쉬지 않고 끝까지 달릴 수 있다면 어떨까?

만약 다른 도시로 이사를 간다면 어떨까?

만약 내가 이 시스템을 바꿀 유일한 사람이라면 어떡하지?

만약 신이 이걸 나한테만 주신 거라면 어떡하지?

만약 로또에 당첨되어서 그 돈을 다 저금한다면 어떨까?

만약 내가 자선사업가로 나설 수 있다면 어떨까?

이렇게 시작하는 의문이 결국 나의 심장을 뛰게 하고 용기를 갖게 한다. 두려움 없이 또한 망설임 없이 나한테 집중하는 힘은 그래서 중요하다.

"앗, 저 사람한테 저런 능력이 있었어?"

나의 숨겨진 능력이 어느 순간 빛을 발할 때 사람들은 이렇게 말하면서 놀라게 될 것이다.

과학자들은 우리가 일생 동안 타고난 뇌의 10%만을 사용한다고 추정한다. 하지만 영화 속 주인공들은 갑자기 전지전능하게 모든 걸 해내고, 비밀 요원이 되어 알약을 하나 먹거나 훈련받은 능력과 잠재력으로 엄청난 해결사가 되기도 하지 않는가. 현실적으로 불가능해 보이는 그런 일이 우리한테 일어나지 말라는 법은 없다. 우리도 자신이 가진 잠재력을 딱 알맞을 때 터뜨리면 대박을 낼 수 있기 때문이다. 다만 그 티핑포인트가 언제인지는 중요하다.

사실 어려서부터 자신의 가능성을 미리 알고 그것을 믿으면서 크는 사람은 별로 많지 않다. 하지만 누구나 자신의 가능성을 더 키워보려는 꿈을 가지고 있기 때문에 용기를 내보고 자기 역량도 믿는 것이다.

어릴 때부터 자신의 삶이 얼마나 소중한지 배우고 자란 사람들은 어른이 되어서도 자신의 역량을 많이 믿는다. 즉, 자신을 믿는 사람은 믿지 않는 사람보다 더 쉽게 자신의 꿈을 감지하고 이룬다.

그런데 자라면서 스스로에 대한 믿음이 무엇인지 모르고 배운 적도 없다면? 그래서 나의 장점이 무엇인지 모른 채 아무것도 가진 것이 없다면? 이런 상태라면 어떤 꿈을 꾸더라도 자기 것으로 만들기는 힘들다. 자신의 가치와 가능성에 대한 믿음이 없기 때문이다. 또한 자신의 꿈이 흔들릴 때도 스스로 지탱하고 지켜줄 힘이 없기 때문이다. 그만큼 나에 대한 믿음이 나를 만든다는 사실을 늘 가슴에 새기고 있어야 한다.

이 세상의 25%나 15%, 아니면 5%만이라도 '만약 ~한다면'이라는 자신의 꿈을 이룬다면 세상은 어떻게 바뀔까?

한번 상상해보라. '만약 ~한다면'이라는 내 꿈이 이루어진다면 얼마나 기쁠지, 또 내 삶을 어떻게 바꾸고 우리 가족의 생활이 어떻게 변할지 상상만 해도 가슴이 벅찰 것이다. 미미하기 짝이 없는 우리가 이 사회에 영향을 미칠 수 있다는 사실, 또 내 꿈을 이루는 것만으로도 완전히 다른 세상이 펼쳐진다는 사실에 깜짝 놀랄 것이다. 어쩌면 그 영향력은 우리가 상상하는 것 이상으로 크고 대단할 것이다.

나는 우리가 세상을 바꿀 수 있다고 믿는다. 물론 우리가 누구인지, 어떤 사람인지를 다른 사람한테 평가받고 결정되는 것을 겁내며 사는 것을 멈춰야 비로소 세상을 바꿀 수 있다.

괜찮은 사람으로 보이기 위해 사과도 많이 했다

어떻게 보면 우리는 어른이기에 모든 것을 감당할 수 있다. 진지하게 삶의 대화를 나눌 수 있고, 누군가가 우리의 현실을 직시하도록 거울을 들이밀어도 떳떳할 수 있다. 나를 붙들고 늘어지는 뼈아픈 진실도 있는 그대로 받아들일 수 있다.

특히 움츠러드는 나의 결점을 회피하고 감추려는 그 진실을 스스로 인정하고 받아들여야 한다. 그 사실을 인정하지 못하고 받아들이지 못하면, 나를 바꾸고 세상을 바꾸기 위한 더 이상의 진전은 없다.

우리는 세상에 태어나서 어른이 되기까지 많은 과정을 거치는 동안 여러 가지를 배우고 경험하고 느끼며 살아왔다. 그런데 주로 나를 낮추거나 감추고 심지어 억눌러야 한다는 식이 대부분이었다. 그래서 뭔가 잘못되어도 다 내 탓이라고 자책하거나 미안해하는 것이 일종의 미덕이자 생존 방식이었다. 가정이나 사회생활에서 괜찮은 사람으로 보이기 위해서 사과도 많이 했다.

그런데 미안해했던 그 마음이 언제나 나의 진실이었을까? 나는 끊임없이 사과하면서 살아야만 잘 살 수 있었던 것일까? 단연코 아니다. 이제 나도 많이 변했고 세상도 많이 변했다. 내가 미처 알아차리지 못했지만, 나의 남은 인생은 나를 지키며 살아야 하지 않을까 싶다.

귀여운 아기 때부터 우리는 뭔가 할 수 있는 존재로 주변의 기대를 받는다. 아기는 교육받는 대로 자라기 때문에 기대가 더 크기도 하다. 바닥에 숟가락을 내팽개치지 않을 것, 마음대로 안 되어도 소리 지르지 않을 것, 대소변을 잘 가릴 것, 단지 재미있다는 이유로 오빠나 언니를 물어뜯지 않을 것 등등. 우리는 있는 그대로의 내가 온전히 받아들여지는 순간과 주변의 기대에 부응해서 살아야 하는 순간 사이에서 여러 가지 일을 경험하며 살아간다.

우선 우리는 성장하는 동안 사회의 규범대로 살아야 한다는 것을 배운다. 물론 이런 규범을 잘 지키며 살아야 한다는 것은 좋은 일이다. 아무도 변기 사용법을 가르쳐주지 않아서 어른이 되어서도 기저귀를 찬다면 귀엽기는커녕 끔찍하지 않은가.

또한 우리는 어떻게 해야 사랑과 관심을 받는지에 대해서도 배우게 된다. 그런데 이것을 제대로 이해하지 못하면, 누군가가 나를 알아준다는 것을 사랑받는 것으로 착각하게 된다. 전형적인 예가 소셜미디어 그 자체라고 할 수 있다.

사람은 누구라도 끊임없이 사랑과 관심을 받고 싶어 하고, 자신의 모든 것을 이해받기를 원한다. 또한 그런 관심과 사랑을 즐기면서 계속 그 열매를 가지고 싶어 한다. 어떤 면에서는 그것이 끊기고 없어지면 사는 게 더 힘들 수도 있다.

그래서 아이일 때는 애교를 부리는 등 부모나 다른 어른들을 웃게 하거나 관심을 끌기 위해 노력하고, 바람직한 행동으로 칭찬을 유도하기도 한다. 어딘가 아프거나 다쳤을 때도 더 큰 관심과 사랑을 받기 위해 부모에게 고통을 과장하고 엄살을 부리기도 하고, 자신의 뜻대로 되지 않으면 발작을 일으키는 아이도 있다.

심지어 아이일 때 관심이나 사랑을 받기 위해 터득하는 방법(부모의 기쁨을 위해 노력하는 것, 공부 1등을 하는 것, 만성적으로 아프다고 하는 것, 과도하게 화를 내는 것, 항상 위기에 처한 것처럼 행동하는 것)은 어른이 되어서도 거의 그대로 남아 있다. 그래서 나중에 사회적 관계에서 다른 사람의 관심을 추구하는 방식에도 영향을 미친다.

이런 기질은 대부분 어린 시절의 습관으로 변하게 된다. 오래도록 변하지 않는 어린 시절의 습관은 대부분 무의식으로 자리 잡는다. 터무니없는 일반화로 들릴 수도 있지만, 왜 어린 시절의 환경과 교육, 경험이 중요한지를 생각해보면 납득이 갈 것이다.

주변을 살펴보면 꼭 무슨 일이 생기면 하늘이 무너지는 듯이 반응하는 사람이 있다. 또한 일에 파묻힌 일 중독자로 자신의 모든 것을 쏟아붓는 사람도 있다. 그들은 왜 그럴까? 일종의 과잉 성취자이기 때문이다.

그런 사람들은 대부분 어릴 때부터 길들여진 습관 때문에, 자신의 과잉 행동으로 주변의 관심을 받지 못하면 오히려 불안해한다.

또한 매사에 속수무책인 사람도 있다. 항상 누군가가 도와주고 문제를 해결해주어야 살아갈 수 있는 사람들이다. 또한 어떤 결정을 할 때 남의 조언을 받으면서도 결정장애를 겪는 사람도 있다. 이런 사람들은 또 왜 그럴까? 오랫동안 많은 선택과 결정을 제어당했거나, 그럴 기회를 갖지 못해서 매사에 자신이 없는 것이다.

나도 부모님의 사랑을 받기 위해서는 뭔가를 잘해서 남보다 돋보여야 한다는 것을 아주 어릴 때 터득했다. 부모님은 나를 무척 사랑했지만, 나는 거저 얻을 수 있는 것은 아무것도 없다는 사실을 일찍 알게 되었다.

'만약 ~한다면'을 통해 작은 꿈 하나라도 가지자

과연 내 인생에서 나의 선택과 나의 기대는 현재 나의 삶에 얼마나 영향을 끼쳤을까?

나는 일찍 결혼하고 아이를 낳는 게 당연하다고 여기면서 자랐다. 시골에서 태어나 같이 고등학교를 다녔던 친구들은 고작 19세 때 거의 다 첫아이를 가졌는데, 당시 내 주변에서는 지극히 자연스러운 일이었기 때문이다. 그리고 내가 첫아이를 가진 것은 24세 때였다. 그런데 그때의 나를 두고 주변에서는 첫아이가 너무 늦다며 국보급(?)이라고들 했다.

돌이켜보면 24세도 엄청나게 어린 나이인데 말이다. 만일 지금 내 아이들 중 하나가 24세에 아이를 가진다? 생각만 해도 숨이 막힐 것 같고, 스스로 받아들이기도 힘들다. 앞으로 살아갈 날이 얼마나 많고, 경험할 것이 얼마나 많으며, 그 나이에도 모르는 게 얼마나 많단 말인가. 그런 꽃다운 나이에 아이라니….

물론 나는 현재의 나를 그 무엇과도 바꾸고 싶지 않다. 하나라도 바뀐다면 지금의 나와 남편, 아이들도 없을 것이기 때문이다. 하지만 나이를 먹을수록 깨닫고 인정하게 되는 것은 현재의 내가 가족과 친구들, 주변 사람들의 사랑으로 존재한다는 사실이다. 오로지 홀로서기로 좋은 아내, 좋은 엄마, 좋은 딸이 된다는 것은 불가능한 일이다.

반면 일요일에 교회를 다녀온 후 남편에게 "베카가 자기 관리에 얼마나 애쓰는지 알지? 참 좋은 엄마야"라거나, "티파니가 다음 하프 마라톤을 위해 훈련을 시작했대. 그걸 잘하려고 매일 몇 시간씩 투자한다잖아. 걔는 너무 좋은 와이프 같지 않아?"라고 말하는 사람이 얼마나 될까? 대체로 사람들은 자신에게 열중하는 여자를 칭찬하지 않는다. 좋은 여자가 되려면 다른 사람에게 잘 보이는 좋은 사람이 되어야 한다고 생각하기 때문이다. 또한 아이들이나 남편이 행복하고 성공해야 좋은 엄마, 좋은 아내라고 생각하기 때문이다. 즉 나의 모든 삶의 가치가 가족이나 다른 사람의 행복에 달려 있다는 뜻이다.

그래서일까? 많은 여자가 자신은 길을 잃은 것 같다는 쪽지를 보내온다. 가족이나 다른 사람을 기쁘게 하기 위해 인생을 산다는 느낌이 자신의 존재 가치를 부정하기 때문일 것이다. 배우자가 없고 아이가 없다고 해서 아무짝에도 쓸모없는 여자가 되는 것은 아니지 않은가. 여자로 태어나 온전한 나로 나답게 산다는 것이 참으로 어렵다는 생각이 든다.

"나는 시를 쓰고 싶어"와 같은 사소하고 작은 소망부터 "나는 1억 달러짜리 회사의 대표가 되고 싶어"와 같은 희망까지 어떤 꿈이든 나의 것이며 더없이 소중하다. 누군가 허락하지 않아도 그런 꿈이 있다는 사실만으로 행복할 수도 있다.

하지만 많은 사람은 목표나 꿈을 가지고 있어도 남이 어떻게 생각할지를 먼저 생각하느라 내 꿈을 숨기거나 포기해버린다. 아니면 아무도 몰래 무엇인가를 추구하더라도 자기 꿈을 쉽게 포기한 채, 좋지 않은 결과만 예상하며 좌절한다.

만약 실패하면 어쩌지? 남들이 비웃으면 어쩌지? 시간 낭비하는 것이면 어쩌지? 내가 너무 욕심을 부린 거라면 어쩌지? 이런 식으로 다른 사람의 생각까지 예단하면서 걱정하느라 정작 나의 꿈을 향해 달려갈 엄두조차 내지 못하는 것이다.

한 가지 분명한 사실은 우리가 그런 생각에 잠긴다면 꿈을 꿀 수가 없고 앞으로 나갈 수도 없다는 것이다. 일이 잘못될까 봐, 실패할까 봐 걱정만 하다가 볼일 다 보는 식이다.

우리는 평생 동안 다른 사람들을 행복하게 만들어주는 능력자인 양주로 그것으로 자신을 평가받으면서 살았다. 때문에 자신을 위한 꿈이 별로 필요 없었고, 나를 내세우지 않아도 되는 시간을 살아온 셈이다. 거기에 내 인생은 없는 것이나 마찬가지였다.

매년 새해가 시작될 때 우리는 무엇을 생각할까? 우리 인생의 중요한 테마는 과연 나일까, 남일까? 답은 각자 다르겠지만 우리 가슴에 간직해야 할 답 하나는 '만약 ~한다면'임을 상기하기 바란다.

'만약 ~한다면'을 통해 우리 가슴속에 작은 꿈 하나라도 품을 수 있다면 지금보다 더 나은 나를 상상할 수 있고 더 나답게 살아갈 수 있다. 주위의 시선을 두려워하거나 움츠러들지 않으면 우리는 무엇이라도 할 수 있고 어떤 사람이라도 될 수 있다.

우리는 지금의 나보다 더 나은 내가 될 수 있고, 타고난 대로 멋진 리더가 될 수도 있고, 어딘가에서 빛나는 존재가 될 수도 있다. 그런 모습 안에서만 오로지 내가 존재한다는 사실도 중요하다.

'만약 ~한다면'처럼 '좀 더more'도 우리를 발전시킬 수 있는 기폭제가 될 것이다. 어떤 사람한테는 '좀 더'가 인스타그램 팔로워 1만 명 만들기가 될 수 있고, 또 어떤 사람한테는 식습관을 건강하게 개선하는 것일 수도 있다. 누군가에게는 '좀 더'가 다시 학교로 돌아가는 것일 수 있고, 불친절하기만 하고 상처만 주던 사람과의 관계를 끝내는 것일 수도 있다.

'좀 더'가 도저히 끊어낼 수 없는 쳇바퀴처럼 돌아가는 이전의 삶으로 돌아가지 않는 것일 수도 있다. 한편 '좀 더'로 더 많은 시간과 휴식을 가지고 자신에게 관대해질 수도 있다. 화가 나서 소리 지르기 전에 10초를 세며 자신을 통제하고 감정을 다스리는 것일 수도 있다. 그리고 좀 더 치료하고 관리하고 우리가 대단한 것을 해낼 수 있다고 믿는 것이며, 다른 사람들이 나를 어떻게 생각하는지 더 걱정하지 않는 것이기도 하다.

어떤 꿈을 꾸든 '좀 더'를 원하는 우리의 욕망은 부끄러워할 일이 아니고, 우리는 가슴속의 잠재력을 더 많이 끌어내면서 살아야 한다. 우리의 잠재력을 세상 바깥으로 한번 꺼내보지도 못한 채 세상을 떠난다면 억울하지 않겠는가.

세상은 우리의 뜨거운 열정과 신념을 원한다. 성공하면 성공한 대로 축하하고, 실패하면 실패한 대로 다시 일어서고 더 발전해야 한다. '만약 ~한다면'과 '좀 더'가 가져다주는 긍정적인 효과를 충분히 누리고 용기를 가져야 한다. 그리고 한 가지 더, 살아가는 동안 데미 로바토의 노래 제목을 때때로 떠올리자.

'미안해, 그런데 사실은 미안하지 않아.'

어떤 목표를 달성하기 위한 3가지 원칙

지금의 내가 되기까지 지난 15년 동안 나는 어떤 일을 겪었고 어떤 상처를 받았을까? 그냥 묵묵히 걸었더니 하루아침에 내가 유명해진 것이 아니기에 이런 반추는 내게 매우 중요하다. 꿈을 이루기 위해 살아온 그동안의 삶을 그대로 보여주는 것이기도 하다.

누군가의 조언과 인도에 의지해 이룬 성취가 아니기에 나는 더 힘들고 더 어려운 길을 걸었다. 그 많은 시간을 보내면서 끊임없이 자문했던 나, 아는 것도 없이 꿈만 터무니없이 컸던 나, 끊임없이 고민하면서도 제대로 살아가는지조차 확신할 수 없었던 나…. 그런 나의 삶을 살아오느라 시간이 많이 걸렸고 꽤나 힘들었다.

보수적인 시골 마을에서 트라우마로 가득한 어린 시절을 보낸 내가 천신만고 끝에 수백만 달러짜리 회사를 만들어냈다. 이런 엄청난 일에 많은 사람이 놀랐고, 실은 내가 더 많이 놀랐다. 불안과 미래에 대한 두려움이 가득했던 내가 스스로 자랑스러운 사람이 되었기 때문이다.

나는 처음부터 잘난 사람이 아니었고 전문가도 아니었지만, 내 꿈을 실현하기 위해 성실하게 살았음을 고백한다. 쉽게 말하자면 심각한 비만임에도 불구하고 음식 먹기로 스트레스를 풀던 시절이 있었다. 또 숨이 차서 아무것도 할 수 없었던 상태에서 매일 아침 일찍 일어나 마라톤 선수가 되기 위한 사람처럼 열심히 달리기도 했다. 내 꿈을 향한 열정, 내 일에 대한 사랑으로 가득 찬 나는 더 이상 다른 사람의 사랑을 찾아 헤맬 필요가 없는 사람이 된 것이다.

처음에 이 길을 들어설 때는 내가 뭘 하는지 잘 몰라서 혼란스러웠고, 늘 내 능력과 성공에 대한 의심도 많았다. 하지만 목표를 향해 달려가는 동안 되풀이되는 성공과 실패 안에서 모든 것이 선명해지고, 또 그런 시간을 보내면서 나도 성숙해졌다.

어떤 목표를 달성하기 위해서는 세 가지의 일관된 원칙이 있어야 한다.

1. 나는 어떤 사람이라는 식의 핑계를 버리자.
2. 좋은 습관과 태도를 만들려고 노력하자.
3. 전문적인 기술을 습득하고 그 일에 집중하자.

이 세 가지가 나를 지금의 성공으로 이끌어준 주요 요인이다. 그래서 이 책의 각 장도 이런 테마로 구성했다.

1장은 '핑계를 버리자'이다.

살다 보면 예기치 않게 일이 잘못되기라도 하면 핑계를 앞세워서 쉽게 도망갈 궁리부터 하기 쉽다. 한두 번의 우연이 아니고 핑계는 아예 습관처럼 우리의 삶을 제한하고 앞으로 나아가기 힘들게 만든다. 우리가 어디에서 무엇을 하든지 그 중간쯤에 핑계가 자리 잡기 쉬운데, 거짓말이 더 많은 거짓말을 낳듯 핑계도 강도가 세지면서 중독 상태에 빠져버린다.

2장은 '지금 행동하자'이다.

살아가는 동안 습관이나 태도가 그 사람을 만든다. 자기가 원하는 것을 몇 번 시도하지도 않고 기대에 어긋나면 쉽게 포기하는 사람이 있다. 그런 사람은 좋은 습관이 만들어질 리 없고, 좋은 것을 받아들일 태도도 되어 있지 않다. 자기가 원하는 것을 얻고 목표에 닿으려면 DNA라고 할 만한 좋은 습관을 들이고, 또 좋은 것은 주저 없이 받아들여 자기 것으로 만드는 태도를 가져야 한다.

3장은 '기술을 배우자'이다.

전문적인 기술은 어떤 사람이라도 꿈을 이루려면 당연히 갖춰야 하고 필요한 기본 요소이다. 흔히 1만 시간의 법칙을 예로 드는데, 이 말은 강조하고 또 강조해도 지나치지 않는다. 자신감과 끈기 같은 재능은 우리가 타고난 기질의 하나로 중요한 장점이다. 하지만 기질의 장

점과 전문적인 기술은 아예 성격이 다르므로, 잘 모르거나 부족한 분
야의 기술은 적극적으로 배워야 한다.

1장

핑계를
버리자

EXCUSE

명사: 1. 내키지 않는 사태를 피하거나 사실을 감추려고 방패막이로 다른 일을 내세움.
2. 잘못한 일에 대해서 이리저리 돌려 말하는 구차한 변명.

핑계라는 단어 자체는 사용하는 당사자나 상황에 따라 수많은 의미로 변한다. 몇몇 사람은 핑계를 마음속으로 진실이라고 굳게 믿기도 하고, 자신은 핑계로 그 상황을 포장하는 사람이 아니라고 생각하기도 한다. 그러나 이런 생각은 우리에게 독이 될 뿐이다.

이 독은 우리의 동기를 잃어버리게 할 뿐만 아니라 뭔가를 시작하기도 전에 쉽게 포기해도 괜찮다는 생각을 하게 한다. 그러니 이제 그런 행동은 그만두자.

우리가 여태 의지하며 마음속으로 안심하게 했던 변명은 무엇인가? 하나든 여러 개든, 우리 가슴속에 지금까지 살아 있는 꿈을 접어버리고 아무것도 하지 않아도 괜찮다는 핑계는 또 무엇인가? 우리는 그런 식으로 책임을 회피하는 핑계나 자기 합리화를 위한 변명은 이제 버려야 한다.

남이 나를
어떻게 생각할까?

:

꿈을 감추고 있다면, 세상에 펼칠 수 없다

나는 이가 상어처럼 날카롭고 뾰족했다. 치열까지도 2개인 것처럼 이가 제멋대로였다. 거기에다 나는 예뻐 보이고 싶은 마음에 아빠의 콧수염 가위로 앞머리를 자르기까지 했다. 보수적이고 거의 강박적인 성격을 가진 아빠 때문에 늘 숨이 막혔지만, 나는 부모의 말을 잘 듣는 아이였다.

그뿐만 아니라 독립적이라 개성이 강했고, 잘못 자른 앞머리 때문에 미칠 뻔했으며, 일자 눈썹이 너무 싫어도 다듬을 줄 몰라서 밀어버리기까지 했다. 이렇게 어려서부터 나는 하고자 하는 일은 고집을 피우고 실천했다. 어쩌면 이런 기질이 있었기 때문에 내가 강해졌는지도 모른다.

참, 그리고 나는 통통했다. 어울리지도 않는 곱슬머리를 하거나 중고장터에서 산 헌옷을 입는 등, 남자애들이 줄줄 따라다니는 예쁜 애들과 어울려 놀고 싶어서 멋을 잔뜩 부렸다. 정작 그렇게 인기가 많은 애들은 나를 끼워주지도 않아 같이 놀 수가 없었는데 말이다.

나이가 어릴 때는 사실 자기의 외모나 지적 수준을 따지며 친구를 사귀지는 않는다. 자신이 예쁜지 아니면 귀여운지, 또 자신에게 무엇이 부족한지도 또래 친구들을 보면서 깨닫지만 자기 눈에 근사한 그 모습을 무작정 따라 하게 된다. 좋아하는 친구나 흠모하는 연예인이 하고 다니는 대로 따라 하는 모습을 상상해보면 이 말이 무슨 뜻인지 이해가 갈 것이다. 대부분 설익은 인생길에서는 자기의 첫 모습이 이렇게 만들어진다고 보면 된다.

우리는 대부분 자신이 스스로 뚱뚱하고 못생겼고, 남자들이 좋아하기는커녕 자기는 사랑을 받을 수 없다고 생각한다. 그런데 이 지점에서 두 부류의 여자가 탄생한다. 자기 편견에 빠져 위축되고 침몰되는 스타일과, 자기 편견을 아예 무시하고 "나는 나야!"를 외치며 있는 그대로의 자신을 긍정하는 스타일이다.

시간이 걸리기는 했지만 나도 그런 어린 시절을 보내면서 버텼고, 고데기로 머리를 예쁘게 다듬는 방법에도 익숙해졌다. 또한 20대 중

반이 되면서 나는 혼자서도 잘 놀 줄 알았고, 내가 선택해서 하는 일에 대해서 어떤 의문이나 고민도 없었다. 쉽게 말하면 그저 앞만 보고 달렸다.

하지만 내 인생을 나와는 아예 다른 사람이 살아가는 척하며 철저하게 이중생활을 했다. 불특정 다수가 보는 소셜미디어에서의 나는 잘나가는 한 남자의 아내이자 네 아이의 엄마, 요리를 좋아하는 미식가에, 페이스북과 인스타그램에 포스팅하기를 좋아하고 뭐든지 스스로 하는 블로그의 여왕이었다. 그리고 그 뒤에 숨겨진 나는 작은 회사를 운영하는 워킹맘이고, 많은 것을 성취하면서 돈도 많이 벌고 싶은 욕망 덩어리였다.

직원 5명을 데리고 일주일에 60시간 넘게 일하면서 매 순간 1분 1초도 소중하다며 열심히 살았다. 하지만 나는 한 번도 내가 하는 일을 말한 적이 없었다. 어쩌다 누군가 그런 나를 알고 아는 척해도 그저 손을 저어가면서 아주 가볍게 "아, 그냥 제가 하는 작은 일이에요"라는 정도로 응수했을 뿐, 알려지는 것을 두려워했다.

또 나의 꿈과 포부, 기대 같은 것들을 공개하기는커녕 내가 이룬 성취까지도 파묻은 채, 남이 나를 어떻게 생각할까만 걱정했다. 내가 무슨 꿈을 가졌고 내가 무엇을 원하는지, 또 어떤 마음인지 알면 남이 나를 어떻게 생각할지가 더 걱정이었다. 지금 생각하면 무엇을 그렇게 걱정했는지도 잘 모르겠다.

사실 나는 내 일을 시작하면서 꿈이 셀 수도 없이 많았다. 많은 사람이 어떻게 자기의 마음가짐이나 멘털과 자존감을 높일 수 있는지 조언해주고 싶었고, 예쁜 여자처럼 화장하는 방법이 무엇인지도 말해주고 싶었다.

나는 세상 사람들과 기꺼이 공유할 수 있는 아이디어가 많다고 생각했기 때문에 사람들이 모든 것을 나누고 즐기기에 충분한 플랫폼을 만들고 싶기도 했다.

서로 용기를 북돋우면서 누군가를 더 성장시키고 자신감을 갖게 한다면 얼마나 멋진 일인가. 지금도 나는 만약 누군가가 소셜미디어 피드에 고양이 동영상과 라테 사진, 그리고 운동하는 모습을 포스팅해서 올린다면 동기 부여가 되는 말로 많은 지지를 해주고 싶다. 이런 여러 가지 아이디어로 나의 사업을 바꿀 수 있다고 믿었고, 또 세상을 바꿀 수 있다고 믿었다.

물론 10년 전, 아니 5년 전에도 이런 생각을 한 것은 아니다. 내 꿈을 터놓고 말하는 용기를 갖기까지 몇 년이 걸렸다. 그때 어둠 속에 묻혔던 내 꿈들은 아무도 모른 채 더 발전하지도 못하고 주춤거렸다. 어둠 속에서는 우리의 재능과 기술이 자랄 수 없기 때문이다. 꿈을 가슴속에 감추고 있다면, 그 꿈은 세상에 펼칠 수가 없다.

정말 볼 것이 별로 없는 1인 블로거로 시작

로스앤젤레스에서 부유한 사람들의 고급스러운 파티와 사랑이 가득 담긴 스몰 웨딩을 진행하는 회사를 시작하고 4년이 되었을 때, 나는 처음으로 블로그라는 것을 시작했다. 당시는 내가 하는 일이 재미있었고 아주 열심히 했기 때문에 평판이 좋아지고 돈도 많이 벌었다. 하지만 프로젝트 하나를 마치면 너무 힘들어서 완전히 녹초가 됐다.

10억 원 규모의 파티나 웨딩을 진행하면 참석하는 사람들은 그 화려함에 취하고 감탄하지만, 그런 감동을 이끌어내야 하는 진행 과정의 압박감은 상상을 초월하는 살벌함 자체였다. 다른 사람들에게 완벽해 보여야 하는 일의 끝이 보이지 않았고, 따라서 내 능력의 끝이 어디까지인지도 모른 채 여러 가지로 회의가 많았다.

나는 이렇게 힘든 회사의 비즈니스를 계속해야 할지 확신이 서지 않았고, 무슨 일을 해야 할지 모르는 상태에서 심심풀이로 블로그를 시작했다. 그 당시에는 블로그가 전성시대여서 많은 사람들이 즐기는 놀이터 같았다. 특히 엄마들의 즐거운 수다가 넘치는 공간으로 인기가 높았다. 그래서 나도 별로 깊이 생각하지 않고 부담 없이 내 블로그를 열게 되었다.

내가 유명한 인사나 스타도 아닌데 나만의 공간에서 내 이야기를 내 마음대로 할 수 있다는 사실만으로도 블로그는 매력적이었다.

더구나 4년 동안 매우 힘든 상황에서 일을 해온 나로서는 블로그가 아주 쉽게 느껴졌다.

기껏해야 내가 전날 밤에 먹은 음식 사진이나 몇 개 올리고 친구들이랑 커피를 마시는 등 일상이 중심이 된 포스트가 대부분이었는데, 나만 행복한 공간이었다고나 할까? 불특정 다수가 보고 공감하고 즐겨야 한다는 생각을 못 했기에 방문자는 별로 없었다. 사실 누구의 관심을 끌 수 있었겠는가. 당시에는 정말 볼 것이 하나도 없는 초라한 블로그였다.

늘 그것이 그것인 그저 그런 블로그로 전락하기까지는 얼마 걸리지 않았다. 솔직히 고백하자면 내가 뭘 하고 있는지 잘 모르고, 또 그냥 찍은 사진으로 일상을 공개하는 자기만족 수준의 놀이터였지도 모른다.

블로그 놀이가 지지부진해지는 동안 이대로는 안 되겠다는 생각이 퍼뜩 들면서 블로그 수정에 들어갔다. 우선 블로그의 내용을 간결하게 하면서 초점을 좁혀서 다루는 테마가 선명해지게 했다. 그러자 내가 추구하고 싶은 더 아름다운 인생과 더 행복한 삶이 보이기 시작했다.

블로그가 체계적으로 정리되면서 팔로워도 조금씩 더 늘어나고, 다양한 사람이 관심을 가지고 몇 가지 제안도 들어오게 되었다.

'우리 지역 아침 뉴스 시간에 사람들이 하는 추수감사절 파티 장식에 대해서 조언을 해줄 수 있나요?'

'아주 좋은 계란이 있는데, 250달러에 우리 회사 계란을 당신 블로그의 요리 레시피에 넣어줄 수 있나요?'

'100달러짜리 기프트 카드를 제공할 테니까 당신이 이 신발을 신고 인스타그램 포스팅을 해줄 수 있나요?'

나는 제안을 받으면 거의 다 "물론이죠!"라고 답했다.

이런 이벤트성 제안은 끊임없이 들어왔다. 물론 내가 운영하던 이벤트 회사에서 벌었던 돈과는 비교할 수 없지만 블로그로도 돈을 벌 가능성을 보면서 한층 고무되었다. 나 같은 파워 블로거를 찾는 유명 브랜드가 많아졌고, 블로그를 시작한 지 2년이 가까워지면서 이런저런 제안으로 수익이 눈에 띄게 좋아졌다.

결국 나는 기존에 하던 일을 줄이고 완전히 블로그에만 집중하겠다는 결정을 했다. 성격상 대충 하는 것을 견디지 못했고 늘 '모 아니면 도'라고 생각하면서 살았기에 블로그에만 몰입하고 싶었기 때문이다. 내가 하는 블로그가 최고여야 한다는 생각도 그런 결정에 영향을 미쳤다.

블로그를 사업으로 성장시켜야겠다고 마음먹으면서 가장 절실한 것은 인원 충원이었다. 혼자서 모든 것을 해낼 수 없다는 것은 명백한 사실 아니겠는가. 그래서 나는 글 쓰는 걸 도와줄 보조 작가와, 멋진 사진을 찍어줄 사진작가와, 사무실을 효율적으로 운영해줄 직원을 뽑게 되었다.

블로그를 비즈니스 모델로 삼아 작은 조직을 만든 다음 블로그의 콘텐츠가 전문성을 갖추고 트렌드를 적극적으로 반영하면서 블로그의 팬층도 두텁게 성장했다. 여기에 부응해 우리는 유행에 더 집중하면서 유행을 선도했고, 독자들과 함께 성장하는 동안 수익도 더 늘었다. 블로그 비즈니스는 아주 환상적이었다. 나에 대한 평판, 그리고 궁극적으로는 블로그의 팬들이 나에게 보내주는 무한한 사랑이 블로그에 기반한 회사까지 이상적으로 만들어주었다.

현재 내가 운영하는 소셜미디어인 홈페이지The ChicSite.com에는 100만 명이 넘는 팔로워가 적극적으로 참여하고 있다. 물론 초기에는 페이스북 포함해서 10만 명 정도의 친구가 있었고, 인스타그램은 생기지도 않았을 때이다. 즉 10만 명 정도로 시작해서 100만 명까지 불어난 셈이다.

그때나 지금이나 달라진 것은 팔로워의 숫자일 뿐, 내가 운영하는 소셜미디어가 추구하는 방향과 철학은 변함이 없다. 물론 나 자신도 변한 게 없지만, 다만 가장 중요한 사실은 사람들이 보이는 것으로만 나를 알려고 한다는 사실이다.

세계에서 이름을 모르는 사람이 없을 만큼 유명한 오프라 윈프리Oprah Gail Winfrey, 패리스 힐튼Paris Hilton, 킴 카다시안Kimberly Noel Kardashian, 트럼프Donald Trump 전 대통령도 마찬가지이다. 소셜미디어의 세계에서는 최대한 모든 것을 투명하게 보여준다고 해도 그렇다. 거기에 실제의 나는 보이지도 않지만 아예 존재하지도 않는다. 보여준 대로 투명한,

모두가 보고 싶은 것만 보는 공개적인 삶만 있다. 꼭 뭔가를 비밀스럽게 감추고 숨기려고 그런 것이 아니라, 망망대해와 같은 그 무한한 공간의 한계이다.

튼살 자국을 내놓고 비키니를 입은 내 사진이 널리 퍼져나가고 찬사와 논란이 있은 후, 나는 남편과의 잠자리에 서툴고 알코올에 의존하는 불면증 환자라고 고백했다. 세상에 나를 완전히 다 드러낸 듯한 시간들…. 하지만 아무리 그래도 사람들은 실제의 나를 모른다. 사람들은 각자 자기의 가치관과 생각이 만든 렌즈를 통해서 모든 것을 보고 다 아는 것처럼 이야기하기 때문이다.

때문에 만일 인스타그램에서 본 내 사진이 좋아서 나를 팔로우하는 사람은 내가 유행을 잘 따르고 패션 감각이 좋은 사람이라고 생각할 것이다. 반면 앞에서도 이야기했지만 튼살 자국이 그대로 보이는데도 과감하게 비키니를 입은 내가 좋아서 나를 팔로우하는 사람이라면 내가 자신감으로 똘똘 뭉친 사람이나 여자에 대한 세상의 편견에 맞서는 투사 같은 사람이라고 생각할 것이다.

물론 사람이 사람을 좋아하는 이유는 다 다르고 싫어하는 이유도 다다르다. 정말 모래알만큼이나 각자 생각이 다르다. 그 누군가가 생각하는 내 이미지도 사람마다 다름은 두말할 나위가 없다.

1인 블로거에서 미디어제국 CEO까지

좋은 엄마와 능력 있는 워킹우먼 사이의 줄타기

내 삶의 모토가 되는 데드라인은 무엇일까? 나는 엄마, 그리고 모성이었다. 그런 생각이 나를 이중적인 삶으로 이끌었는데, 더 고백하자면 나는 좋은 엄마이면서 능력이 있는 커리어우먼이고 싶었던 것이다. 하지만 이율배반적이게도 당시의 나는 회사를 운영하는 경영인의 모습은 감춘 채 엄마의 삶에 포커스를 맞추고 드러내는 것에 집중했다.

딱히 창피하거나 어떤 의도가 있었던 것은 아닌데, 그때의 나를 좋아하고 따르는 사람들 대부분이 엄마였기 때문일 것이다. 그런 블로그에 워킹우먼의 생활을 생동맞게 끼워 넣을 틈이 없기도 했다.

나는 그저 단순하게 엄마의 삶을 중심으로 콘텐츠를 만드는 데만 집중했다. 매주 블로그에 복잡한 포스팅을 6개씩이나 올렸고, 잘나가는 남편(전 월트디즈니스튜디오 대표)이 있었고, 돌봐야 하는 아이가 2명이었다. 당연히 주변에서 도와주지 않으면 무엇 하나 제대로 해낼 수 없는 회사 생활과 살림살이였기에 너무 바빴다. 발을 동동거리면서도 이것저것을 가져다가 새로운 콘텐츠를 만들어 보여주면서 즐거워하는 내가 힘들 거라고 누가 생각이나 했겠는가.

그런데 급기야 일이 터져버렸다. 정확히 뭐였는지는 기억나지 않지만, 페이스북에 엄마로 사는 고단함에 대해 쓴 포스트였던 것은 확실하다. 나는 편하게 하소연했던 것 같다. 그런데 갑자기 누군가가 댓글에서 당신은 언제 그걸 전부 다 하느냐고 물었다.

그래서 별생각 없이 태평스럽게 답글을 달았다.

"아, 제가 다 하지 않아요."

"남편이 많이 도와줘요. 그리고 회사 갈 때 아이들을 돌봐주는 유모가 있어요."

이런 솔직한 답글로 인해 인터넷은 난리가 났다.

"세상에 어떤 엄마가 다른 사람 손에 아이를 키워요?"

"본래 이기적인 여자들이 가정 대신 일을 택하지!"

"다른 여자가 애들 봐줄 때 나도 하루 종일 노닥거리면 참 좋겠다."

나는 망연자실했다. 마치 엄청난 진실을 알았다는 듯 화를 내는 사람도 있었고, 앞뒤 재지 않고 무자비한 비난과 욕설부터 날아왔다. 독설과 악플이 기하급수적으로 늘어날수록 말의 강도도 더 극심해졌다. 심지어 어떤 사람들은 내가 콘텐츠를 만들면서 전문가의 도움을 받았다는 걸 알고 실망하기도 했다. 심지어 내가 전업주부가 아니고 직업을 가지고 있다는 사실에도 화를 냈다. 또한 아기를 돌봐주는 유모가 있다는 사실에는 아예 졸도하려고도 했다.

지금 되돌아 생각해보면 인터넷을 통해 보이는 나를 사랑했던 많은 사람은 내가 자기와 비슷하지 않다는 사실에 심한 거부감을 느낀 것 같다. 나한테 속았거나 사기당했다는 생각마저 가졌을 것이다.

그 사건으로 인해 한바탕 광풍이 지나간 다음, 그동안 보지 못했던 내 삶 속의 시간들을 돌아볼 수 있었다. 처음에는 사람들의 반응이 지나치다고 생각해서 억울했고, 사람들의 화를 감당할 수 없고 답답해서 울었다. 필사적으로 노력하면서 열심히 살았는데 결과는 너무 처참했고, 또 이렇게 나를 싫어할 수 있다는 사실조차 그대로 받아들이기가 힘들었다.

낯모르는 사람들의 댓글일 뿐이라고 무시하기에는 충격이 너무 컸다. 이제야 드는 생각 하나, 낯선 이들의 악플과 터무니없는 말을 견디려면 얼굴이 두껍고 좀 뻔뻔해야 한다는 것이다.

지금은 자신감을 잃고 추락한 어린 여자의 모습에서 벗어난 지 오래지만, 트라우마가 생겨서 사람들이 화낼지 모른다 싶은 주제들은 피하고 말하지 않게 되었다. 남들은 이런 나를 바보스럽다고 생각할 수 있겠지만 어느 순간부터 회사의 일이나 팀원들, 회사의 계획, 아이들을 돌봐주는 유모, 집안일을 도와주는 도우미, 회사 출장, 비즈니스 파티 등은 금기어가 되었다.

대신 핀터레스트Pinterest(이미지를 모아서 볼 수 있는 플랫폼)에 여러 가지 정리 정돈법, 잘 보정된 사진, 육아에 대한 조언, 운동하며 다이어트를 하는 팁, 컵케이크를 비롯한 여러 가지 음식의 레시피를 올렸다.

내가 회사를 키우고 미친 듯이 일해서 돈을 번 시간도 아주 많았지만, 그때의 나는 누군가 "너는 돈을 안 버니?"라고 물으면 그냥 "작은 블로그를 운영하고 있을 뿐이야"라고 말했을 것이다. 매달 100만 명이 구독하고 큰 수익이 있는 나의 '작은 블로그', 그러나 보이지 않는 블로그 이면에서 꾸준히 일어나고 있는 회사의 사업은 아무것도 입에 올리지 않았던 것이다.

마치 비밀처럼 내가 하는 사업을 감추고 블로그 운영을 하면서 나는 좋은 아내, 좋은 엄마로 살 수 없다는 죄책감을 가졌다. 그래서 온라인에서든 오프라인에서든 누군가 내게 부정적인 말로 우리 가족을 말할 때도 아무 반박을 못 했다.

한편 '그래, 내가 다 잘못하고 있는 거야. 좋은 여자, 아내, 엄마로 온전히 가족을 위해서만 살아야 하는데 일을 포기하기가 힘들어'라는 핑계만 쌓여갈 뿐이었다.

⋮

남의 판단에 나를 맡기는 일을 멈추었다

나는 일을 사랑했고, 회사가 성장하는 게 좋았고, 남에게 사랑받는 것이 행복했다. 하지만 나의 기쁨과 행복으로 인해 다른 사람의 입을 삐죽이게 하거나 질투를 부르고 싶지 않았다. 그래서 이중적인 삶을 살았다. 어쩌면 많은 사람이 이런 이유로 반쪽짜리 인생도 행복하다고 포장할지도 모르겠다.

다른 사람들에게 이해받지 못하게 될까 봐 혹은 욕먹기 싫어서 내 모습의 그림자까지 감추며 이중생활을 했던 기간은 5년이었다. 그 사이에 나는 끊임없이 불안장애에 시달렸는데, 내가 왜 그렇게 살아야 하는지에 대한 답도 찾을 수가 없었다.

그러다가 문득 깨달은 사실은 내가 나를 사랑하는 것보다 남들한테 사랑받는 것을 더 신경 쓰며 살았다는 것이다. 회사가 잘 굴러가고 성장하는 동안, 나는 공개적으로 일하는 여자라는 사실을 말하기를 꺼리고 피했다. 전처럼 누군가 너는 왜 살림만 할 것이지, 욕심 많아 보이게 일도 하느냐고 물어도 말이다. 개인적인 감정을 함부로 내보이면 안 된다는 학습 효과였다.

미국의 건강심리학자인 브린 브라운Brene Brown은 "수치심Shame은 그 자체에 주목하고, 죄책감guilt은 그 행동에 주목한다"라고 했다. 즉 수치심은 "미안해, 내가 잘못이야"라고 하는데, 죄책감은 "미안해, 내가 잘못 행동 했어"라고 말한다는 것이다.

이 말을 곰곰 생각해보면서 나는 워킹맘이라는 사실을 부끄러워하고 있다는 것을 느꼈다. 그런 부끄러움과 무력감으로 나 자신과 싸웠던 몇 년이야말로 모든 사람에게 잘 보이려고 노력했던 몇 년이기도 했다.

남들보다 더 폼이 나는 저녁 식사를 준비하기 위한 노력, 내 아이들에게 엄마의 사랑을 증명이라도 하려는 듯 멋있게 기획한 아이들의 생일 파티, 다른 사람들한테 동기를 부여하고 도움을 주려고 미친 듯이 노력한 시간들. 내가 살아가는 동안 노력하지 않은 것은 아무것도 없었다. 결국 나는 다른 사람들의 기대에 부응하기 위해, 또 내가 누구인지 내보이고 설명하고 이해시키기 위해 숱한 시간들을 보냈다.

거짓말로 포장한 삶을 사는 워킹맘은 출장길에 나설 때도 아이들에게 갖는 죄책감을 마음속으로 삼켜야 한다. 가족 아무도 모르게 더 멋진 모습으로 공식 석상에 서기 위해 거기에 맞는 옷을 입고 그에 어울리는 태도로 임해야 한다. 그래서 나는 계속 주변 사람들에게 미안할 수밖에 없었다.

하지만 2015년에 열린 한 콘퍼런스에 다녀온 후 내 인생은 180도 바뀌었다. 그 콘퍼런스를 계기로 인생의 통찰력을 배웠고, 계속 나를 붙들고 있던 거짓말을 멈추었으며, 나에 대한 자부심을 가지게 된 것이다. 지난 시간들 속에서 배우고 건질 것들과 버릴 것을 구분한 것도 이때부터이다.

어린 시절에 배운 것은 거의 대부분 평생 동안 영향을 미친다. 나 또한 예외일 수 없다.

나는 전통적이고 보수적인 가정에서 자랐다. 아빠는 일을 하고 엄마는 자기 일이 있어도 집안일을 했다. 다만 이런 환경에서 자랐지만 나는 남녀평등주의자였고, 남자랑 여자는 한 인간으로 똑같이 대우받아야 한다고 믿으면서 살았다. 그 후 결혼해서도 남편과 내가 짐을 똑같이 나눈다는 믿음으로 살았는데, 막상 현실에 부딪치면서 내 생각은 금방 박살났다. 여자는 어때야 하고 어떻게 행동해야 한다는 등 전통적인 여자의 가치를 고집하는 가정환경으로 돌아가기란 생각보다 쉬웠기 때문이다.

'여자는 이래야 한다'라는 틀 안에 갇혀 사는 게 무엇인지 잠시 생각해보자. 우선 우리 대부분은 '남자는 이래야 하고, 여자는 이래야 한다'라는 정형화된 불균형 사이에서 자란다. 특히 여자들은 어떤 집에서 태어났든, 어디에서 자랐든, 문화적 배경이 어떻든 전혀 상관없이 다른 사람들한테 예쁘게 잘 보여야 한다는 교육을 받고 자란다. 그런데 핵심 문제는 우리의 가치를 남들이 보고 결정하게 한다는 것이다.

지금도 이런 문제 때문에 불안과 우울증으로 고통받고, 또 다른 사람들의 평판에 빠져 익사하는 사람이 주위에 널려 있다. 사실 우리의 가치와 자부심을 믿으면 다른 사람들의 생각 따위는 중요하지도 않은데, 왜 우리는 남한테 그렇게 우리를 잘 보이려고 애쓰고 절망하는 것일까? 다른 사람들이 인정해주지 않는 우리의 가치는 아무런 힘이 없다고 배웠기 때문이다.

육아와 살림을 하고 사는 전업주부의 삶은 개인적인 선택이고 그 사람의 인생관일 수 있다. 다만 나는 아니었을 뿐이다. 나는 다른 사람들이 살기 바라던 인생을 거부하고, 내 가슴이 원하는 나의 인생을 살고 싶었다. 그런데 모든 것을 혼자서 할 수 없어서 전업주부인 척 거짓말을 하고 이중생활을 한 것이다.

앞에서 말한 그 콘퍼런스를 다녀온 후 비로소 나는 궁금해지기 시작했다.

"만약 내가 모든 것에 솔직하고 나를 믿는 마음이 굳다면 맞는 것일까?"

"만약 있는 그대로의 나를 받아들이는 자부심이 크다면 맞는 것일까?"

"만약 일을 열심히 하고 성취를 자랑스럽게 내보인다면 맞는 것일까?"

이런 질문에 대해 나름의 해답을 찾으면서 나는 행복하고 보람 있는 시간을 갖게 되었다. 또한 사람들의 판단이나 생각에 나를 맡기고 부끄러워하는 일을 멈추었다. 내 인생이 엄청나게 바뀌기 시작한 것이다.

나는 꿈이나
목표가 없어

:

자기의 목표나 꿈마저도 허락하지 않는 여성들

적어도 이 책을 읽는 사람이라면 대부분 자기의 목표를 가졌을 것이라고 생각한다. 남한테 기생하는 삶이 아니라 자기 인생의 목표가 있는 사람들 말이다. 그런데 사람은 아무리 목표나 꿈이 대단해도 혼자서는 이루기 어렵고, 특히 용기가 없으면 꽝이다.

처음부터 내 것은 없다. 걷는 것, 말하는 것, 질식사하지 않고 음식을 잘 먹는 것, 운전하는 것, 글을 쓰는 것, 컴퓨터를 사용하는 것 등도 내 것이 되기까지 배운 기술이지 않은가. 목표도 기술처럼 집중하고 습관처럼 배워야만 거기에 가까워지고 내 것이 될 수 있다.

꿈은 우리가 인생에서 바라는 것이다. '이렇게 늘 피곤하지 않았으면 좋겠다', '몸매가 좋다면 얼마나 좋을까?', '빚이 없이 놀고먹는다면 얼마나 좋을까?', '호화로운 휴가를 갈 수 있는 능력자라면 좋겠다', '월급쟁이로 살지 않아도 된다면 기쁘지 않을까?', '부업을 시작한다면 돈을 버는 게 가능할까?' 등등. 우리는 모두 다른 환경에서 태어났고 각기 다른 가정과 다른 배경을 가졌기 때문에 꿈도 머리 스타일만큼이나 독특하고 다양하다.

그렇다면 목표란 무엇일까? 목표는 작업용 장화를 신은 꿈과 같다. 꿈과 목표는 완전히 다른데 쉽게 말하면 목표는 우리가 꿈을 얼마나 구체화, 현실화하느냐는 것이다. 꿈이 우리가 살면서 바라는 것이라면, 목표는 그저 막연히 생각하고 바라기만 하는 대신 그것을 향해 노력하는 종착지이다.

희망은 어떨까? 희망은 우리한테 계속해서 미래의 가능성을 부여하고 영감을 주는데, 꿈처럼 아름다운 것이며 삶의 소중한 방법이기도 하다. 물론 희망은 삶의 전략이 아니라는 냉정한 사실에 주목해야 한다. 그러니 단순하게 인생이나 자신이 더 행복하게 해달라고 바라는 것, 또 현실로 만들기 위해 어떤 노력이나 행동도 하지 않으면서 갑자기 집중력과 동기의 성장을 바라는 것 등은 아무런 가치가 없다.

목표대로 성공하려면 성공을 계획해야 한다. 성공으로의 여행 계획은 목표와 의도가 철두철미해야 하고, 누구든지 무엇이든 이룰 수 있다고 믿어야 한다. 특히 그것을 추진하는 자신을 믿어야 하고, 자신이 원하는 변화를 이룰 수 있다고 믿어야만 한다.

지난 5년 동안 나는 소셜미디어를 통해 전 세계 수백만 명과 어울렸다. 주로 여성이었는데 이곳은 서로 함께 삶의 지혜를 모으고 삶을 변화시킬 만한 생각을 나누는 여성 공동체나 마찬가지였다.

서로가 어디에서 뭘 하는지 전혀 모르는 사이였으나, 우리는 온라인을 통해 친밀감을 느끼고 공감대가 커지면서 급기야 오프라인 행사를 열게 되었다. 또한 오프라인 행사에 기꺼이 참석할 만큼 용감한(?) 사람과 전화 통화를 하면서 나는 꽤 놀라운 경험을 하게 되었다.

행사에 다녀간 경험과 느낀 점을 알고 싶어서 전화한 것인데, 그녀는 살짝 당황하면서 사실 자기가 행사에 간 것은 내가 쓴 책에 사인을 받기 위해서라고 대답했다. 그러면서 그녀는 개인적인 성장 같은 것은 따로 생각해본 적이 없다고 덧붙였다.

"제가 목표를 가질 수 있다는 걸 몰랐어요."

"저는 엄마이자 아내이기에 저를 위해 다른 것에 집중하는 것을 생각해본 적이 없어요."

이런 고백이 나로서는 생경하고 놀라웠다. 나는 다른 사람들도 나처럼 목표 지향적인 삶을 살 것이라고 생각했기 때문이다.

모든 사람이 나처럼 새벽 5시에 일어나서 하루를 시작한다고 생각하지는 않았지만, 그래도 나름대로 무엇인가를 위해 항상 노력하고 있다고 생각했다. 그리고 누군가가 우리 행사에 와서 다른 사람들(아이들, 남편)에게 무엇을 줄 수 있는지보다 여자로서의 자신의 가치와 인생을 먼저 생각할 것이라고 믿었다. 그런데 마음 아프게도 자기의 목표나 꿈마저도 허락하지 않는 삶을 사는 여성이 많다는 사실에 적잖이 놀랐다.

물론 그런 사람들의 삶도 이해하지만, 계속 내 마음을 두드리는 소리가 있다. 성장은 곧 행복이라는 사실 말이다. 살면서 뭔가를 위해 노력할 게 있다는 것은 우리한테 삶의 목적을 부여한다. 그뿐인가. 아무리 작은 것이라도 새로운 목표의 달성은 우리에게 성취감과 자신감을 준다. 모든 살아 있는 생물과 사업의 공통점은 성장하거나 죽거나 둘 중 하나라는 사실이다.

노력 없는 삶을 사는 사람은 별다른 목표가 없기 때문에 발전도 없다. 사람은 목표가 있어야 한다. 자신을 위해 몸매를 가꾸거나, 돈을 저금해 집이나 건물을 사고 사업을 벌이거나, 결혼을 하거나 독신 생활을 하거나 상관없이 자기만의 목표가 하나쯤 있어야 한다. 그리고 이제는 목표를 가지고 발전하는 사람이 될 수 있다고 스스로 믿어야 한다.

나는 언제나
시간이 없어

·

내 스케줄을 내가 통제할 수 있어야 한다

누구나 시간이 부족하다는 말을 많이 한다. 아이들을 키우는 부모가
이런 말을 입에 달고 살 수 있고, 대학교를 갓 졸업하고 살기 위해 투잡
을 뛰고 있는 젊은 사람이 이런 말을 수시로 할 수도 있다. 그런데 누구
에게도 어떤 상황에서도 시간은 공평하다. 그래서 바쁜 사람은 시간이
늘 부족할 수밖에 없다.

　어디에서 어느 계절을 어떻게 살든 시간을 더 만들기 위해 어려움을
겪는 일은 흔하다. 친구와 함께 보내는 시간, 시한부 환자가 되어버린
배우자와의 남은 시간, 대형 마트에 혼자 가서 쇼핑하는 시간…. 이런

시간들은 우리가 인생에서 더 갖고 싶지만 언제나 빠듯하다. 목표를 달성하기 위해 시간을 일부러 만드는 것도 어렵기는 매한가지이다. 언제나 우리 앞에 놓인 시간들을 쫓아만 다니겠는가? 현재 내가 다니는 회사가 있거나, 내 손길만 기다리는 아이들이 있거나, 아니며 가족을 먹여 살려야 하는 절박함 때문에 시간이 부족하다고 투덜댈 수도 있겠다.

이런저런 이유를 내세워 목표를 달성하기 위한 시간 만들기가 힘들다는 사람이 많다. 그러나 스스로 목표를 이루기 위한 시간을 만들고 내 스케줄을 내가 통제할 수 있어야 목표를 위한 시간 찾기가 가능해진다.

과도한 일정? 나에게 달린 것이다. 밥 먹을 시간이 없다? 역시 내 문제이다. 밤에 휴식을 취하기 위해 텔레비전을 보거나 인스타그램을 보느라 2시간을 쓰는 것? 또한 나의 선택이다. 우리는 '충분한 시간이 있는가?'가 아니라 '주어진 시간을 어떻게 쓰는가?'를 가장 중요하게 생각해야 한다.

전업주부나 워킹맘이면서 대학교를 다니며 공부를 계속하는 여자들이 있다. 풀타임으로 일하면서도 하프 마라톤을 준비하기 위해 열심히 훈련에 임하는 사람들도 있다. 다른 회사에서 일한 뒤 밤에 집에 와서는 내 사업을 구축하려고 애쓰는 사람들도 있다. '그것이 가능할까?'라고 의문을 갖는 사람도 있을 것이다. 그러나 모두 가능한 일이다. 바로 내가 그랬기 때문이다.

엔터테인먼트 업계에서 코디네이터로 일했을 때, 나는 내가 직접 회사를 운영하면 어떨까 하는 생각을 자주 했다. 끊임없이 그런 꿈을 꾸었고, 핀터레스트가 생기기 전이라 잡지에서 관련된 사진들을 잘라 바인더에 보관하며 자료를 확보했다.

그때의 나는 일주일에 50시간 넘게 일했고, 결혼한 지 1년이 안 된 신혼이었음에도 주말은 할 일로 꽉 차 있었다. TBS에서 하는 드류 배리모어 영화를 보는 게 재미있었고, 홈 디포에 가서 파우더 룸을 개조하는 것도 재미있었다. 남편과의 저녁 데이트에 값비싼 스테이크집의 세트 메뉴를 먹기 위해 돈을 저축하는 것도 즐거웠다. 또한 뭐니 뭐니 해도 일을 마치고 집에 돌아와 남편 데이브와 노는 것보다 더 즐거운 일은 별로 없었다.

하지만 이벤트 기획사를 시작하려는 꿈이 점점 커지면서 뭔가 포기해야 한다는 걸 알았다. 당장 내가 회사를 그만두고 홀로 새 사업체의 주인이 되는 건 불가능했다. 우리 가족이 사는 집의 대출금을 갚아나가기 위해선 우리 부부의 월급이 다 필요했기 때문이다. 내가 하고 싶은 것을 하느라 나 몰라라 할 수도 없었다. 거기에다 나는 돈 많은 가족도 없었고, 돈이 많이 들어 있는 통장도 없었다. 내가 가진 것이라고는 오직 원하는 것을 준비할 시간뿐이었다.

'한 번도 가지지 못한 것을 원한다면, 한 번도 하지 않았던 일을 해야 한다'라는 말이 있다. 나의 경우 그것은 주중의 밤에 남편과 함께 텔레비전 보는 일을 그만두는 것이었다. 그와 더불어 주말이면 쇼핑몰을 거닐며 집 안을 꾸미거나 손님방에 놓을 새 이불을 찾는 일도 그만두었다.

그 대신 내 꿈을 이루기 위해 일을 시작했다. 엔터테인먼트 업계에 대해 배우려고 우선 웨딩 플래너 인턴을 시작했다. 유명한 이벤트 행사의 보조 업무를 했으며, 이 업계와 관련된 일이라면 돈을 한 푼도 받지 않고 무상으로 일할 수도 있다는 각오로 열심히 했다. 완전히 새로운 업계에 뛰어들기 위한 준비를 하면서 요구가 많은 고객들과 이벤트 플래너를 비롯한 업계 전문가들을 통해서도 여러 가지를 체험하고 배웠다.

물론 신나고 좋은 일만 있는 게 아니었다. 단도직입적으로 말하자면 최악이었다. 회사가 끝나면 집에서 쉬어야 하는데 또 다른 일을 해야 하니 우선 피곤했다. 그렇게 피곤한 몸을 이끌고 한밤중에 까칠하고 욕심 많은 신부를 위해 결혼식 리허설을 하러 가는 게 아무렇지 않은 일은 아니었다. 친구들의 생일 파티를 모르는 체하고 주말이 없는 사람처럼 남의 결혼식에서 일하는 것이 그리 쉬운 일이 아니었다. 내가 일을 배우기 위해서 선택했지만 쉽고 만만한 일은 절대 아니었다. 돈 한 푼 받지 않고 일을 열심히 하는데도 무시당하고 짓밟히는 기분이 들 때의 모멸감은 깊은 상처로 남았지만 얻은 것도 많았다.

그때 배운 것들을 바탕으로 이벤트 기획사를 차릴 수 있었고, 그 회사를 기반으로 블로그를 시작하게 되었기 때문이다. 또한 그때의 경험을 가지고 《파티 걸》이라는 소설을 쓸 수 있었고, 블로그는 나의 팬덤을 형성하는 토대가 되어주었다.

사업을 시작하고 목표를 생각할 때 가장 절실한 것이 시간을 쪼개서 만드는 일이었고, 무슨 일을 하건 시간이 많은 것을 결정한다는 생각도 했다. 그래서 시간을 잘 활용해야 뭔가를 이룰 수 있다는 생각을 하게 되었다.

예를 들어 처음에 책을 쓰고 싶었을 때, 나는 아이들이 일어나기 전인 새벽 5시에 일어났다. 목표를 이루기 위해서는 언제든 어떻게든 글을 쓸 수 있어야 한다고 생각했고, 그런 마음가짐과 전략은 지금도 도움이 된다. 이 책의 원고도 여행객으로 미어터지는 토론토 공항의 게이트 의자에 앉아 쓰고 있다. 인생에서 새로운 걸 얻고 싶다면 '내가 할 수 있을까?'라고 질문할 게 아니라 항상 '그걸 얻기 위해 무엇을 기꺼이 포기하겠는가?'라는 질문에 답할 줄 알아야 한다.

핵심은 시간이 있느냐 없느냐가 아니라, 목표가 정말 명확하고 미래의 행복을 위해 꼭 필요한가에 대한 확신일 것이다. 그리고 현재의 안락과 계획한 목표를 기꺼이 바꿀 의향이 있느냐 없느냐의 문제에도 답해야 한다.

나의 시간을 재구성하고 새로운 시간을 창조

우선 시간이 없다는 핑계를 스스로 극복해야 한다. 그런 후 목표를 위해 내가 가진 시간을 재구성하면서 새로운 시간을 창조해야 한다.

• 주간 계획표를 만들자

일주일 동안의 모든 것을 적어보자.

가장 쉬운 방법은 이동하는 길에 스마트폰의 달력 앱을 열고 한 시간 단위로 적는 것이다. 만일 45분 동안 조깅을 했다면? 마트에서 장을 보았다면? 문화센터에서 뭔가를 배웠다면? 그것을 하는 데 걸린 시간, 준비한 시간, 이동했다면 자동차로 이동한 시간 등 모든 시간을 적어야 한다. 이번 주에 아이와 놀이를 하며 많은 시간을 보냈다면? 역시 몇 시간이었는지를 꼼꼼하게 달력에 적어야 한다.

일주일을 모두 기록한 다음 일주일에 5시간, 목표를 위한 시간을 어디에서 만들어 넣을 수 있을지 찾아보자. 갑자기 스케줄을 바꾸면서 5시간을 한꺼번에 끼워 넣는 일이 무리라고 생각할 수는 있다. 그런데 5시간이라면 일주일 중 5일, 하루에 한 시간이면 되기에 그리 많은 시간이 아니다. 목표를 위해 최소 일주일에 5시간을 쓰도록 지금 내 마음과 타협하고 결정하자.

나는 이 5시간을 습관처럼 실천하고 있는데, 최고의 삶을 살도록 우리를 도와주는 이 시간을 '성장하는 5시간Five to Thrive'이라고 부른다. 사람에 따라 더 많은 시간을 내고 그 시간에 더 투자할 수도 있겠지만, 적어도 자신의 목표를 위해 '5시간 습관'을 만들고 지키는 선에서 출발해보자.

· 새로운 스케줄을 세웠다면 5시간 습관을 길들이자

다음 주 누군가에게 달력 앱을 열어 나의 스케줄을 보여줄 때, 그 안에는 내가 성취하고 싶은 것들을 통해 나의 삶이 보여야 한다.

"올해는 멋있는 몸매를 가꾸는 게 목표예요. 남편이랑 저랑 항상 하프 마라톤을 뛰고 싶어 했는데, 이번을 우리 부부의 해로 만들고 싶어요"라고 말했다고 가정하자. 그러면 내 스케줄에는 일주일에 3번 이상 뛰는 계획이 잡혀 있어야 한다.

혹시 시간을 낼 생각이 없거나 시간을 억지로 만들 수 없다는 생각이 드는가? 그렇다면 내가 더 나은 삶을 살기 위해 나의 시간을 보내고 있는지, 아니면 다른 사람들이 필요로 하는 일들로 나의 시간이 지배당하고 있는지 생각해보자. 미래의 목표나 비전이 뭐든, 그것은 나의 소중한 약속이어야 한다.

• 최소 시간이 최고의 시간이다

나는 아침에 글이 제일 잘 풀리고 빨리 쓰인다. 밤새 푹 자고 일어나면 더 힘이 넘치고 모든 것이 명료하게 정리되기 때문이라고 생각한다. 사람에 따라 밤에 글을 더 잘 쓰기도 하겠지만, 나는 밤이 아침보다두 배나 시간이 더 걸린다. 그래서 나는 아침에 최소 시간을 잡는 경우가 많다.

시간을 따로 빼낼 때 단순히 시간을 만드는 것에 그칠 게 아니라, 그걸 잘 해낼 자신감과 신체 리듬도 고려해야 실패하지 않는다.

• 매주 일정을 계획하자

주말이면 나는 남편과 머리를 맞대고 앉아서 달력을 함께 본다. 회사의 일과 미팅, 집안의 문제들, 아이들과 함께하는 시간, 운동과 친구들과의 약속, 또 우리의 사업 계획이나 둘만의 데이트에 이르기까지 모든 것을 서로 이야기한다.

이렇게 서로 함께 달력을 보고 이야기를 나누면서 서로의 할 일이 무엇인지, 또 어떤 일에 누구의 도움이 필요한지 알 수 있게끔 우선순위를 재확인한다.

이런 식으로 서로의 시간을 파악하면 일과 가사도 분담하거나 함께할 수 있어 좋다. 이렇게 매월 초에 각자의 한 달 스케줄을 계획하고, 매주 서로 잘 지키고 있는지 확인하자.

흔히 뭔가를 계획하고 시행하자고 하면 나중에 하겠다거나 다음번에 하겠다는 사람이 꼭 있다. 그런데 뭔가를 하려면 지금 바로 해야만 한다. 지금이 아니면 다음에도 하기 힘들기 때문이다.

나는 화장을 하지 않고 살았다. 꼭 해야 할 때는 했지만 자주 하지 않았고, 화장을 예쁘게 할 줄도 몰랐다. 나보다 9살 많은 큰언니는 화장 마니아였는데, 금발의 언니가 아이섀도를 하고 나서면 아주 예뻤다. 나도 그걸 따라서 했더라면 화장을 잘했을 텐데 부러워만 했을 뿐, 화장을 잘하려고 생각하지도 않은 채 살았다. 어른이 되면 저절로 화장을 잘하는 줄 알았나? 물론 나도 데이트나 파티나 모임이 있는 특별한 날에는 화장 흉내를 내고 머리 손질을 했다. 그러나 대부분 나는 똥머리에 요가복이 전부였다.

그러던 어느 날 친구들과 저녁 식사를 하려고 나갈 준비를 하는데, 욕실의 거울을 지나며 잠깐 멈춰 내 모습을 보게 되었다. 그리 예뻐 보이지 않지만 치장하는 것도 귀찮았기에 속으로 '친구들과 저녁 식사를 하는 건데 그냥 가야지. 이 모임이 화장을 할 만큼 중요한 일인가?'라는 생각을 했다. 하지만 갑자기 내 안의 반전이 일어났다.

'지금 안 하면, 그럼 언제?'

나는 인생을 살면서 특별하게 느끼고 보이고 최선을 다해 행동할 순간을 목마르게 기다렸는데 내게 특별한 순간은 언제란 말인가? 그 후로 '지금 안 하면, 그럼 언제?'라는 말은 나의 주문 같은 것이 되었다.

그렇다. 지금이 가장 중요하다.

멋진 결혼식에서 도자기 그릇에 음식을 먹을까, 아니면 종이 접시에
먹을까?

남편과의 데이트에 멋을 내서 차려입을까, 아니면 청바지를 입을까?

친구에게 편지를 쓸까? 엄마나 아빠한테 전화를 할까?

이웃을 위해 쿠키를 구워야 할까?

답은 언제나 '지금 안 하면 언제?'이다. 지금 당장, 오늘 시작하라. 이
순간이 전부인데 언제를 계획하느라 평생을 쓸 수 없지 않은가. 그리
고 언제라는 시간도 보장된 게 아니다. 언젠가를 기다리면 안 된다. '언
젠가는 할 거야'라는 생각은 나를 기만하는 망상일 뿐이다. 시간이 저
절로 생기길 기다리지 말고 시간을 만들 계획을 세우자.

나는 부족한 게
너무 많아

:

우리는 스스로 부족한 점이 많다고 느낀다

이런 주제를 꺼내면 사람들의 반응이 아주 폭발적이다. 그만큼 미래를 불안해하고, 성공하고 싶지만 확신을 가지지 못한다는 방증일 것이다. 대부분 사람이 성공은 하고 싶지만 불안하고, 남들은 잘하는데 나만 부족한 것 같다고 느낀다. 자신의 부족한 점은 사람마다 다 각각이지만, 그 부족함 때문에 감정과 씨름하고 미래를 확신하지 못해서 힘들어하는 것은 똑같다.

우리가 삶에서 스스로 부족한 점이 많다고 느끼는 부분은 얼마나 많은가. 나는 예쁘지 않아서 남자들이 좋아하지 않을 것 같고, 나는 너무 통통해서 문제가 있는 것 같고…. 이런 식으로 우리는 자신의 가치를 스스로 떨어뜨리는 말과 행동을 서슴없이 하고 산다. 물론 우리가 일상에서 느끼는 '나의 못난 점'을 덮고 모르는 척하라는 게 아니다.

우리가 세운 목표에 다가서려면 우선 목표를 우리 앞에 던져놓고, 우리의 무엇이 부족한지에 대한 두려움과 고통 앞에 당당하게 설 수 있어야 한다. 우리는 부족한 점이 많기 때문에 노력하고 애쓰는 것 아니겠는가. 또한 자신의 부족한 점을 진정 모른다면 발전할 수 있겠는가.

이 지점에서 우리가 저지르는 큰 실수는 성공하려는 노력이나 시도를 하기도 전에 '나는 실패할 거야, 아직 멀었어'라고 무의식 속의 패배자를 불러내 지금의 나를 규정해버린다는 것이다. 스스로 나를 그렇게 만들어버리면 다음에 좋은 기회가 와도 또 못 한다.

그런데 아주 작은 성공이나 성취를 이루어본 사람은 그 기쁨을 잘 알기 때문에 미리 불안해하고 스스로 부족하다고 움츠러들지 않는다. 아기도 처음 걷기를 할 때 넘어지면 눌러앉지 않고 바로 다시 일어나 걸으려고 한다. 넘어지는 것이 두려워 다시 걷지 않으려고 한다면 그 아기는 끝내 걸음마에 성공할 수 없을 것이다.

자동차를 처음 운전할 때는 어떤가? 무섭고 긴장되어서 양손으로 핸들을 꽉 잡고 고개조차 돌리기 힘들지 않은가. 이런 불안함이 무서워 운전하기를 거부한다면 그 사람은 운전을 잘할 수가 없다. 그러나 운전에 익숙해지면 한 손으로 뭔가를 하면서 다른 한 손으로 능숙하게 운전하는 자신의 모습이 멋지지 않은가.

　나의 가장 큰 목표 중 하나를 추구하는 데 가장 방해가 됐던 것은 바로 나는 큰 사업을 해낼 만큼 똑똑하지 않다는 생각이었다. 아니면 내가 교육받은 게 별로 없다는 느낌이었다. 이런 생각들 역시 많이 배우지 못했다는 핑계에 불과하다.

　나는 가방끈이 짧다. 고등학교 졸업장과 연기 학교에서 보낸 1년 생활이 내 학력의 전부이다. 그나마 나를 기획 플래너로 고용한 사람들은 나의 기획력과 실행 능력을 보았기 때문에 학력은 별문제가 되지 않았다. 내가 MBA 학위를 갖고 있는지 아닌지에 대해서도 아무도 신경 쓰지 않았다. 하지만 지난 몇 년 동안 우리 회사는 급속도로 성장했고, 엄청난 수익과 지출이 발생해 감당하기가 벅찰 정도였다. 거기에다 대박은 내가 수학에는 완전히 꽝이라는 사실이다. 그래서 나는 회계와 재무 부분을 모르는 척하고 최대한 무시했다. 지금 생각하면 정말 "맙소사!"이다. 회사 경영에 가장 중요한 회계와 재무 부분에 까막눈이었으니 뭘 제대로 할 수 있었겠는가. 회사가 더 많은 수익을 가져올수록 재무제표 보는 것은 고사하고 더 막막해질 뿐이었다.

　사실 회사를 설립하고 몇 년 동안 나는 회계 관련 서류를 거의 볼 줄 몰랐다. 서류를 어떻게 봐야 하는지 몰랐고, 또 뭘 봐야 하는지도 전혀 몰랐다. 그래서 회계사가 만들어서 주는 재정 보고서도 제대로 보지 않고 짐짓 괜찮은 척했다. 회사 경영과 관련해 모든 것을 감당할 만한 돈이 들어오고 있으니 문제 될 일은 없다고 믿은 것이다. 게을러서도 아니고 귀찮아서도 아니었지만 그런 것을 전혀 읽을 줄 모르는 내 심정도 즐겁지만은 않았다. 게다가 회사 경영에 대한 두려움이 나를 감싸기도 했다.

도통 이해할 수 없는 재무제표를 볼 때마다 내 마음속에서는 부정적인 생각이 함께 피어올랐다.

'이런 정도 수준으로는 회사를 운영하기가 힘들어.'

'똑똑한 구석이라고는 없는 너를 뭐라고 생각해?'

'직원들은 대표인 너를 믿고 회사에 다니는데 재무제표도 읽을 줄 몰라.'

'너는 회계를 몰라서 실패할 거야.'

이런 두려움과 끝없는 자기 비난은 창업 초기 몇 년 동안 이어졌다. 지금 생각하면 어떻게 그런 상태로 회사를 운영했는지 의문이다.

나는 회사의 수익을 늘리고 경비를 줄이는 여러 가지 아이디어에 스스로 도취되어 있었는데, 실제로 가장 중요한 것 하나를 까맣게 모르고 있었다. 아무리 좋은 기획이나 아이디어가 있어도 그걸 실행하려면 회사의 재정 상태가 어느 정도인지 파악해야 하는데 그걸 몰랐던 것이다. 그러다가 어느 날 스스로에게 통보했다.

'제대로 해내거나, 아니면 지금 포기해!'

회사를 계속 유지하면서 더 확장하든가, 아니면 회사를 집어치우든가 결단을 내려야 했다. 회사 경영은 소꿉놀이가 아니기 때문이다. 부족한 내가 무엇으로 회사를 경영할 수 있을지 고민했고, 똑똑하지 못해서 회사가 발전하기 힘들다는 스스로의 진단과도 싸웠다. 내가 부족해서 회사를 키우기는커녕 경영하기 힘들다고 다른 사람들이 믿어버리기 전에 뭔가를 보여줘야 한다고 여겼기 때문이다.

⋮

회사 경영자가 재무제표를 이해하지 못했다

나는 14년 동안 회사를 일구면서 한 번도 도전을 두려워한 적 없었다. 그런데 내가 부족하고 회사 경영에 확신이 없다는 이유만으로 대성공을 눈앞에 두고 갑자기 포기해야 하는 것일까? 다시 나의 내면을 들여다보면서 어떻게 문제를 해결해야 더 잘할 수 있을지 생각했다.

경영학 책을 읽기 시작했고, 그걸 들을 수 있는 수업이 있는지 알아보게 되었다.

하늘은 언제나 나의 편이지! 당연히 경영학을 배울 수 있는 수업이 있었다.

나는 곧바로 하버드대학교 경영대에서 진행하는 경영 회계 프로그램에 지원해 합격했다.

"그 수업을 잘 듣기만 하면⋯."

"그걸 듣고 나면 나도 숫자 앞에서 자신감이 커질 거야. 그리고 모두에게 증명해야지. 나도 회계학을 잘 안다는 사실을!"

나는 혼자 상상의 나래를 펼치며 북 치고 장구 치고 다 했다. 그런 상상을 하면서 내가 한 단계 더 성장해서 능력 있는 경영자로 우뚝 설 생각을 하면 날아갈 것만 같았다. 하지만 세상 일이 꼭 내 뜻대로, 또한 내 계획대로 돌아가지는 않는다. 내가 원하는 대로 세상이 돌아갈 확률도 로또만큼 힘든 게 아닐까 그런 생각도 한다.

세계에서 최고라는 하버드대학교의 너무도 유명한 수업을 들은 것은 최악의 실패였다. 먼저 수업료가 생각 이상으로 매우 비쌌다. 다음은 학교의 시험도 잘 치르고 점수도 좋았지만, 회사 업무에는 뭐 하나 나아지는 것이 없었다. 그러니까 공부를 열심히 해도 회의감만 잔뜩 몰려왔다. 더불어 학교에서 보내는 시간이 너무 많아서 이렇게 회사를 비워도 괜찮은가 하는 불안감에도 시달렸다.

이런 갈등은 누가 자기의 몸매를 멋있게 가꾸겠다고 결정하자마자 몹시 비싼 소울사이클SOULCYCLE(뉴욕에서 선풍적인 인기를 끌고 있는 스피닝 스튜디오) 클래스에 등록한 것과 같다. 개인의 성장과 회사의 성장은 다르다. 또한 회사의 성장을 위해서라면 나처럼 무작정 대학교에 갈 것이 아니라 경영을 위한 기술을 직접 익혀야 한다. 그리고 내가 이해한 것과 이해하지 못한 것에 더 솔직해져야만 한다. 이 모든 것에 대한 대답은, 물론이다!

다음에 뭘 해야 할지도 모르는 상태에서, 또 기초도 제대로 모르는 내가 할 수 있는 것은 무엇이었을까? 확실한 개념도 파악하지 못한 채 관심도 없는 주제를 배우는 것이 쉬웠겠는가? 물론 아니다. 내가 이전에 이해하는 척했던 재무제표를 사실은 이해할 수 없었다고 사람들에게 인정하는 것이 편하지 않았을까? 그것도 절대 아니다.

나는 일단 유튜브를 보기 시작했다. 내가 유튜브 동영상으로 가장 먼저 배운 것은 재무상태표와 손익계산서의 차이점이다. 비즈니스와 관련된 모임이나 세미나를 다니고 회계학 공부를 하기 위해 여러 가지 강좌를 듣기도 했다. 조금 전에 칠한 페인트가 마르는 걸 보는 것보다 더 무미건조하게 느껴졌지만 말이다.

운이 좋았는지 어느 날은 비즈니스계의 세계적인 멘토이자 기업가이면서 백만장자인 키스 커닝햄Keith J. Cunningham의 수업을 듣게 되었다. 그의 수업은 정말 인상적이었는데, 나는 그날 이후 커닝햄이 한 것보다 더 간단명료한 기업 재무 설명을 들어본 적이 없다. 그때까지 전혀 이해할 수 없던 것들을 단번에 이해하게 되니 거짓말처럼 눈물이 마구 쏟아졌다. 그 간단한 기초 회계 원리조차 모르는 내가 얼마나 힘들고 답답했는지 이해가 갈지 모르겠다. 그래서 속이 뻥 뚫린 듯이 흐느껴 울었던 것이다.

어떤 분야에 배운 것이 없고 지식이 없다는 것은 힘들고 비참한 일이다. 특히 그런 부족함을 인정하고 있는 그대로 받아들인다는 것은 정말 어렵고 마음이 아프기까지 하다. 그러나 아무것도 없는 것이 확실할수록 다른 생각은 버리고 무한한 가능성을 믿고 자신을 가져야 한다.

지식이 부족하다는 것은 머리가 나쁘거나 멍청한 게 아니라 배울 기회가 많다는 뜻이다. 몸매가 좋지 않다는 것은 게으른 게 아니라 예쁘게 변모할 가능성이 크다는 소리이다. 또한 경험이 부족하다는 것은 무지하다는 게 아니라 많은 일을 해서 경험을 쌓을 수 있다는 소리이다. 세상의 모든 일에는 양면이 있게 마련이다. 모든 상황을 거꾸로 뒤집어 보면 부정적인 면도 긍정적인 면으로 보이게 된다.

⋮

나는 모든 게 힘들 때면 나에게 편지를 썼다

여전히 알지 못하고, 이해하지 못하고, 정복하지 못하고, 가지지 못하고, 목표를 성취하지 못한 내 모습에 미래의 삶이 있다는 사실은 중요하다. 스스로를 책망하지도 말자. 나와의 약속을 위해 앞으로 계속 나아가면 언젠가는 내가 가고자 하는 장소에 도달하게 된다. 나는 스스로가 의심스럽고 모든 게 힘들 때면 나에게 편지를 썼다. 이 방법은 참을성과 끈기가 많은 나, 한 번도 포기한 적 없는 나를 다시 일깨우며 내가 원하는 바를 분명하게 해준다.

내가 그랬듯이 콘퍼런스에 참가한 사람들에게 자신에게 편지를 써보라고 하면 항상 슐렁대면서 혼란스러워하는 순간이 온다.

"그런데 저는 아무것도 한 게 없는데요."

"아무것도 쓸 게 없는데요."

사람들의 이런 반응은 스스로 한 일이나 공을 조금도 인정하지 않는 다는 소리이다. 뭐를 성취해야 편지를 쓰는 게 아닌데 어떤 편지를 쓰려고 했을까? 꼭 성취하고 만들어진 것을 써야 하는가?

나에게 쓰는 편지는 내가 어떤 사람인지를 바로 볼 수 있고, 굳이 거짓말을 안 해도 되기 때문에 자신과 솔직한 대화를 나눌 수 있다. 만일 지금 비만 때문에 몸매가 망가져서 걱정이 많은 사람이라면 지난 시절 몸이 가장 예뻤던 그 순간을 소환해서 편지를 써보자.

어렸을 때 운동선수였다면? 결혼하고 아이가 태어난 후에 커리어를 포기했다면? 모두 자신만의 추억과 기쁨, 행복, 눈물이 떠오르는 순간이 있을 것이다. 또 남들은 할 수 없다고 포기한 일을 내가 해낸 순간들이 있을 것이다. 그때를 생각하면서 편지를 써보면 저절로 내가 어떻게 변했는지, 나는 지금 무엇을 원하는지 알게 된다. 남들이 너무 크고 불가능하다고 말한 꿈이라도 좋다.

내가 나한테 제일 처음 썼던 편지에는 불만이 많다. 어느 누구도 읽을 일이 없다고 생각했고, 내게 화가 난 상태에서 마구 써댔기 때문이다. 이 편지는 내가 가장 힘들 때 사업을 잘 해나갈지 다 망해먹을지 모르는 최악의 불안 상태에서 썼는데, 분명한 것은 이걸 쓴 후 내가 힘을

냈다는 사실이다.

레이첼에게

나는 너의 끈기야. 그리고 이 편지는 네가 나에 대해 알아주었으면 하는 것들이야. 나 되게 멋진 여자란다. 살면서 고통과 두려움이 많았지만 주변과 싸우면서 내 길을 찾았어. 학교도 일찍 졸업했고, 새로운 도시로 이사를 했어. 아주 어릴 때 첫 직업을 얻었고, 이후에 또 다른 직업, 또 새로운 직업을 가졌어. 남들이 다 해서는 안 된다는 회사를 만들었고, 그 후에 또 하나를 만들었어. 시시할지라도 5권의 책을 썼고, 앞으로 더 쓸 거야. 나는 또한 입양 프로그램을 통해 내가 낳지 않은 5명의 아이들도 키워봤어.

나는 누구도 믿을 수 없을 만큼 짧은 시간 안에 아무도 할 수 없는 일을 죽자고 해냈어. 나는 누구보다 열심히 일하고 열심히 산다는 사실을 잘 알고 있어. 어려운 일이 생겨도 그 일과 끊임없이 마주해. 절대로 포기하지 않아.

너의 두려움이 나를 더 크게 지배할지도 모르지만, 너의 인생에서 나의 끈기보다 더 큰 힘은 없어. 그걸 33년이라는 시간이 증명해주잖아!

나에게 편지를 쓰며 자신을 북돋우는 연습은 당시 엄청난 힘이 되었다. 편지에서는 실제로 내가 했던 모든 일들에 대해 스스로 칭찬이나 공치사하기보다는 진실을 상기하도록 했다. 중요한 것은 편지 쓰는 일도 다른 것처럼 밥 먹듯이 꾸준히 하라는 것이다. 공적인 교육은 부족하지만 내가 계획했던 걸 모두 실행했고 앞으로도 계속 나아갈 예정인 나처럼 말이다.

자신이 뭔가 부족하게 느껴지고 더 배워야 할 게 많다는 생각이 들면 바로 오늘 지금 시작해야 한다. 이번 주에 하고 석 달 안에 다시 하고, 석 달이 지나면 또 해야 한다.

⠇

내가 뭘 가질 수 있는지 남이 말할 수 없다!

우리는 대부분, 특히 여자들은 어릴 때부터 약간의 과장된 사실과 약간의 거짓말로 포장된 자신을 실제인 양 믿으며 살고 있다. 아무도 과거에 어땠는지 묻거나 확인하지 않는다. 그래서 대체로 어렸을 때 들었던 말, 누군가한테 평가받은 말들이 모두 사실이라고 믿으면서 인생을 살아가게 마련이다.

놀라운 것은 그 말들이 사실이 아니라는 것이다. 그것은 그 누군가의 의견일 뿐이다.

1+1=2. 이것은 사실이다.

지구에는 중력이 존재한다. 사실이다.

물로 불을 끌 수 있다. 사실이다.

사실은 이런 것이고, 한 사람에 대해 뭐가 넘친다거나 뭐가 부족하다거나 하는 것은 의견이다. 우리는 남의 의견과 생각과 평가를 그대로 받아들이면서 자신의 삶을 살지 않아야 한다. 누군가 우리한테 던진 무책임한 평가와 의견에 지배당하지 말자.

우리가 뭘 가질 수 있는지 다른 사람이 말할 수 없다!

우리가 어떤 사람이 될 수 있는지 누군가가 함부로 말할 수 없다!

우리가 뭘 시도하며 살 건지 세상이 결정할 수 없다.

우리 삶에서 어떤 결정을 내릴 수 있는 사람은 오직 나 한 사람뿐이다.

한편 남의 의견이나 평가에 우리의 인생을 맡기고 싶지 않은 만큼, 우리는 우리의 문제나 아픔을 세상 탓이나 남의 탓으로 돌려서도 안 된다. 그것이 나의 탓도 아니지만 세상이나 남의 탓은 더욱더 아니기 때문이다.

어릴 때 겪은 여러 가지 트라우마로 마음이 아픈 사람도 있을 것이다. 치유하지 못한 어린 시절의 트라우마를 쉽게 생각하면 안 된다. 트라우마가 있다는 것은 내면의 큰 상처로 힘들어한다는 뜻인데, 특히 인생에서 다른 사람들의 의견에 영향을 많이 받는 어린 시절은 더욱 그렇다.

하지만 이렇게 생각해보자. 고등학생 시절은 이미 끝났다. 중학생 시절은 더 오래전 일이다. 우리는 이제 사춘기 아이가 아니며, 그때의 고통이 아무리 크다고 해도 그때의 정신으로 인생을 살아갈 수는 없지 않은가.

그나마 지금 이렇게 살아가고 있는 나를 지킬지, 아니면 나를 그 시간 속으로 되돌리고 울면서 주저앉을지는 우리 스스로 선택해야 한다. 예전에 우리에게 무슨 일이 일어났든 받아들이고, 그걸 치유하고 극복하기 위해 앞으로 취해야 할 단계들을 염두에 두어야 할 것이다. 15년, 20년 전에 일어났던 일을 핑계 삼으면서 앞으로 나아갈 수는 없다. 옛일의 희미한 기억은 이제 우리에게 아무런 힘도 없다.

'내가 뭘 겪었는지 알지도 못하면서', '그때 나한테 얼마나 충격이 컸는데'라고 생각하는 사람도 물론 있을 것이다. 그렇다, 아무도 나의 아픔을 모른다. 하지만 힘들었던 과거가 현재 우리 인생에 부정적인 영향을 미친다면 빨리 단절해야 한다. 인생에 아무 도움이 되지 않기 때문이다.

어둡고 힘들었던 과거가 우리의 기분을 좋게 해줄까? 우리가 "난 너무 뚱뚱해. 난 너무 말랐어. 난 너무 어려. 난 너무 늙었어. 난 너무…"

라는 불행한 마음으로 산다면 그보다 더 불행한 사람은 세상에 없을 것이다.

불행했던 과거를 자신의 인생에 끌고 들어와서 나락으로 떨어져 사는 것은 제대로 된 삶이 아니다. 그런 기분은 일상을 망치고 행복도 깨버리고, 인생의 모든 것을 부서지게 한다. 그러니까 털어버리자. 과거가 미래를 결정할 수도 없지만, 결정하게 내버려 두어서도 절대 안 된다. 내가 바로 산증인이다.

나도 누구나 겪었던 트라우마로 고통받았고, 못생겼다고 웃음거리가 되기도 했고, 아무 가치도 없는 인생인가 하는 생각을 수없이 했던 사람이다. 하지만 내 인생을 되찾기로 결심하면서 내 삶이 달라지고, 그런 편견이나 남의 평가 따위에 맞서 싸우면서 힘을 얻었다. 있는 그대로의 나를 긍정하고 내가 가진 진실을 믿었기에 가능한 일이었다. 내가 해낸 일은 누구나 할 수 있다고 생각한다.

1인 블로거에서 미디어제국 CEO까지

내가 가족에게
희생해야지

:

일과 삶의 균형, 워라밸은 신화이다

나는 꿈을 좇으면서 '좋은 엄마, 아내, 딸, 커리어우먼이 될 수 없어'라는 핑계가 싫다. 옛날에 내가 딱 이런 말을 했기 때문에 더 화가 나는지도 모른다.

우리가 다른 사람들을 기쁘게 해주려고 얼마나 많은 시간을 낭비하고 사는지 생각해보았는가? 다른 엄마들이 집에서 쉬고 싶어 할 때도 일하고 돈을 벌려고 오랫동안 자신과 싸운 여자가 얼마나 많은지 아는가? 모든 잘못된 일은 늘 내 탓이라고 여기면서 주변에 혹은 가족에게 미안해하면서 사는 여자가 얼마나 많은지 생각해보았는가?

그런데 이런 여자일수록 다른 사람의 행복을 희생시켜서라도 자기의 꿈이나 가족을 챙기려는 경우를 많이 본다. 나는 다른 사람의 행복을 희생시켜가면서 꿈꾸기를 권하지는 않는다.

헬스장에 가서 운동하고 싶은데 남편이 아기를 대신 봐주기 싫어한다면 운동을 갈 수 있을까? 대부분의 여자는 운동하러 나가지 못할 것이다. 다른 동네로 이사하고 싶은데 지금 친정집이 근처에 있고 엄마가 가까이 살기만을 고집한다면? 역시 대부분의 여자는 이사를 포기할 것이다. 은퇴 기념 휴가를 세계 여행으로 정했는데 딸과 사위가 애는 누가 보느냐고 막무가내라면? 이 경우도 마찬가지로 엄마는 여행을 떠나기 힘들 것이다.

어쨌든 남편과 아이, 엄마의 행복이 나의 행복보다 더 중요하니까 내 맘대로 할 수가 없는 것이다. 그런데 나보다 가족이 더 중요해서 나의 삶을 그들에게 맞추다 보면, 사실 나는 독립적인 삶을 꾸려가기가 힘들다.

아무리 인생이 한 번이고, 기회가 늘 오는 것이 아니고, 자신의 삶이 언제 끝날지 모른다고 해도 나만을 생각하면서 살 수는 없지 않은가. 나만을 위한 인생이 아니라면 어떻게 해야 할까? 꼭 이기적으로 나만을 위해 살아야 꿈을 이루는 것일까? 그보다 좋은 엄마, 딸, 여동생, 친구가 되려면 그 사람들이 나를 필요로 할 때 기꺼이 나타나야 한다.

하루는 아빠와 이런저런 이야기를 나누다가, 많은 여자가 나한테 어떻게 하면 그런 용기를 찾을 수 있느냐고 묻는 쪽지를 많이 보내온다고 말했다. 그랬더니 아빠는 내게 이기적으로 살면 된다고 말하라고 했다.

"내가 박사 과정 시작하는 첫 수업 날, 학교에서 우리한테 뭐라고 말했는지 아니?"

우리 아빠는 듣는 사람이 답을 모른다는 걸 잘 알면서도 항상 이런 식으로 질문하며 이야기를 시작한다. 난 어릴 때 그걸 매우 싫어했다. 내가 보기에는 자기 자랑에 빠진 아빠의 모습이 싫었기 때문이다.

어른이 되어 그때를 돌이켜 보니, 아빠는 우리가 어릴 때부터 답을 말해주기 전에 문제를 풀어나갈 수 있게끔 가르치려 했던 것 같다. 물론 지금은 나도 우리 아이들에게 아빠와 똑같은 방식으로 말한다. 어쨌든 나는 그날 아빠의 질문에 답을 못 했다.

"아뇨 아빠, 뭐라고 말했는데요?"

"이기적인 사람이 되라고 말했어. 인생을 살면서 박사 학위를 따는 건 너를 위해 하려는 것이지, 다른 누구를 위한 것이 아니라고. 그리고 남편이나 아내, 또 자식들이나 윗사람들은 우리가 공부를 너무 오래 한다고 답답해하기도 하는데 동조하지 말라는 거야. 우리가 박사 학위를 갖겠다는 이 꿈 하나에도 남을 배려하게 되면, 남이 나를 설득해서 박사 학위를 못 따게 만들 수도 있다는 거지."

우리가 가족이나 친구 등 다른 사람을 배려하고 신경 쓰고, 또 좋은 가족 구성원이자 직원이자 친구가 되기 위해 노력하는 것은 아름다운 일이고 보람찬 일이다. 하지만 우리의 목표가 더 신경 쓰인다면, 우리는 거기에 집중해야 한다. 그게 비록 우리가 아끼는 사람들과 보내는 시간을 줄이고 관계를 소원하게 한다고 해도 말이다.

우리가 동시에 할 수 있는 것과 할 수 없는 것, 특히 일과 삶의 균형에 대해 생각해보았는가? 일과 삶이 완벽하게 균형을 이룰 수 있다는 건 하나의 의견이다. 많은 워킹맘이 일과 삶의 양립 때문에 힘들어하는데, 그렇다면 일과 가족의 균형을 어떻게 잡는 게 바람직할까?

일과 삶의 균형, 워라밸Work-life balance은 신화라는 것이 내 생각이다. 그걸 실제로 성취한 사람은 누구인가? 아마도 없을 것이다. 우리는 그런 성취를 다른 여자 누군가가 어떻게든 해냈을 거라고 긍정적으로 생각하고, 그런 것을 부각하는 미디어의 선동에 넘어간 것뿐이다. 그래서 우리는 균형을 잃거나 어느 것도 놓치지 않기 위해 힘든 시간을 보낼 때조차, 우리가 워라밸을 찾지 못했기 때문이라고 자책한다. 결국 우리가 엄마로서 애들 학교의 행사 날을 깜빡하고 불참하거나, 애들이 좋아하지 않는 종류의 요구르트를 사는 정도의 실패도 자신의 과오로 낙인찍어버리는 꼴이다. 다른 여자들은 다 잘하는데 나만 워라밸을 찾지 못했고 그래서 나는 부족하다는 생각은 정말 혐오스럽다.

워라밸은 말 그대로 두 가지가 완벽하게 조화를 이루며 잘 살아갈 수 있다는 걸 의미한다. 내 일과 가정생활은 한 번도, 어떤 수준에서도 제대로 균형 잡힌 적이 없었다. 학교의 큰 프로젝트 때문에 많이 일할 수 없던 날에는 내게 워라밸은 없었다. 알바비와 팁이 더 많은 토요일 교대 근무를 받아들이는 것은 친구들과 놀 수 없다는 뜻이었다. 결국 일과 개인의 삶은 언제나 충돌하는 것인데, 둘 다 잘되려면 그만큼 적절한 배분이 필요할 뿐이다. 그건 나쁜 것도 잘못된 것도 아니고, 그냥 인생이 원래 그런 것이라는 생각이 든다.

가끔 나는 아이들의 학교생활이나 병원 예약 때문에 회사에서 자리를 비울 때가 있다. 마찬가지로 지금도 나는 우리 집 큰아이 방 책상에 앉아 원고를 쓰고 있고, 다른 가족은 아래 수영장에서 유쾌한 시간을 보내고 있다. 아이들이 밑에서 웃고 노래를 들으며 따라 부르는 게 들린다. 가족들이 탄산수를 마시며 수영장에서 최고의 삶을 누리는 동안 나는 방에서 내 일을 하고 있는 것이다.

다른 여자들한테 용기를 주는 작가가 되고 싶다는 꿈을 추구하는 건 가끔 아이들과 수영장에서 즐겁게 보낼 시간을 포기해야 한다는 걸 의미한다. 삶의 크기는 절대로 균형을 잡을 수 없다. 그저 무엇이 나를 더 필요로 하느냐에 따라 선택이 순간순간 바뀔 수 있기 때문이다.

⁝

우리의 삶과 일에서 우선순위가 무엇인가?

우리가 삶의 어떤 단계에 있든 상관없이 다른 사람들은 그렇게 다 해냈다는 이 근거 없는 신화를 깨부수는 유일한 방법은 삶과 일에서 우선순위가 무엇인지에 솔직해지는 것이다. 여기에서 내가 먼저 적어보겠다.

• 나 자신

엄마, 사업가로서 초기에 나 자신은 우선순위가 전혀 아니었다. 심신이 너덜너덜해지도록 뛰어다니고 다른 사람들을 챙기면서도 이게 내게 어떤 영향을 미칠지 걱정해본 적도 없었다.

그야말로 재앙이었다. 1년에 최소한 한 번은 무지무지 심하게 아팠다. 늘 스트레스를 받았다. 항상 다이어트와 씨름했다. 삶의 모든 게 엉망 그 자체였다.

누군가가 내게 만약 너 자신을 잘 돌보지 못하면 다른 누구도 돌볼 수 없을 거라고 지적했다. 지금은 건강이 나의 최고 우선순위이다. 나는 매일 8시간을 잔다. 그렇다, 8시간! 6, 7시간이 아니다. 꽉 채운 8시간이다. 잘 먹고 물을 많이 마신다. 4년째 다이어트 콜라는 입에도 대지 않는다. 여전히 커피에 중독되어 있지만 모든 걸 이룰 순 없지 않은가. 일주일에 20킬로미터 이상을 뛴다. 또 나는 신앙심을 아주 중요하게 생각하기 때문에 일주일에 몇 시간은 기도하고 교회에 가고 자원봉사를 한다.

나는 목표에 균형 따위는 없다고 생각한다. 목표는 삶의 중심이 될 뿐이다. 삶의 중심이라는 건 나 자신이 평화롭고 침착하게 내 삶을 느낀다는 뜻이다. 그래서 일이 얼마나 혼란스러워지는지에 상관없이 내 목표는 흔들리지 않는다는 뜻이다. 나 자신을 우선적으로 삶의 중심에 두면 모든 것이 더 원활하게 지나간다.

• 내 결혼

대부분의 부모는 당연하게 자녀를 최우선 순위에 둘 거라고 생각하지만, 난 결혼 생활이 항상 인생에서 가장 중요한 순위이다. 남편 데이브와 나는 주말마다 야간 데이트를 하고 매년 호화로운 휴가를 떠난다. 여기서 잠깐, 물론 아이들은 떼어놓고 간다.

집에 있을 땐 아이들과 함께 놀고 정기적으로 한 명씩 데리고 각자 놀기도 하지만, 둘만의 데이트는 꼭 단둘이서만 한다.

우리는 서로 너무 바쁘고 해야 할 일이 쌓여 있다. 그러나 서로의 커리어를 지지하기 때문에 피곤하고 힘들어도 우리 관계를 돈독하게 유지하려고 애쓴다. 그래서 우리는 건강한 결혼 생활을 위해 서로를 우선시하는 것을 존중하기로 했다. 우리는 좋은 결혼이나 훌륭한 결혼이 아니라 각자에게 의미가 있는 결혼을 원했고 그렇게 살고 있다.

• 내 아이들

나한테는 잭슨, 소이어, 포드, 노아, 이렇게 4명의 아이가 있다. 때문에 나는 회사에 가지 않아도 항상 바쁘게 일한다. 아침 일상이 마무리 되면 아이들을 학교에 데려다주고, 저녁에는 목욕시키고 책 읽어주고, 아이들이 잠자리에 들 때까지 쉴 틈이 별로 없다. 거기에다 주말은 아이들의 스포츠 행사와 생일 파티에 뛰어다니기 바쁘다. 요즘 아이들과 보내야 하는 일상은 누구나 이렇듯 바쁘고 힘들 것이다.

그런데 내가 회사를 운영하기 시작한 첫 두 해에는 더 정신이 없었다. 나는 거의 미치광이처럼 일했다. 아침 8시면 이미 회사에 가 있는 일이 잦았는데, 그건 내가 아이들을 학교에 데려다주지 않았다는 뜻이기도 하다. 나는 현장학습과 바자회 등을 놓쳐서 학교의 다른 아이 엄마들에게서 비난하는 쪽지를 받았고, 그것 때문에 혼자 울었던 밤도 셀 수 없이 많았다.

어느 누구도 회사에 다니는 남편이 아이들 현장학습에 참석하지 않은 것을 비난하지 않지만, 대상이 엄마라면 이야기가 달라진다. 거의 매일 나는 저녁 7시쯤 집으로 돌아왔는데, 그것도 역시 내가 저녁을 차리지 않았다는 뜻이다.

그때는 정말 모든 것이 혼돈 그 자체인 시기였지만, 그만한 업무량은 일반적인 기업가나 초기 창업자에게는 당연히 해내야 하는 몫이었을 것이다. 몇몇 사람은 내가 아이들과의 소중한 시간을 잃었다고 말할 테지만 동의하고 싶지 않다. 우리 아이들은 엄마가 밑바닥에서부터 회사를 만드는 걸 지켜보았다. 대기업에 다니는 아빠도 와서 일할 수 있을 만한 회사를 엄마가 키우는 걸 보았다. 엄마가 열심히 일하고 헌신하는 것을 아이들이 직접 보았고, 나는 부끄럽지 않은 엄마가 되려고 노력도 많이 했다. 그 시기의 내게는 아이들이 최우선이었지만, 나는 마음속으로 장기적인 비전을 세우고 목표를 향해 조금씩 전진했다.

• 나의 일

일이 내 관심의 대부분을 차지한 적이 많았고, 그걸 굳이 숨기고 싶지도 않다. 결혼 생활, 나의 건강, 4명의 아이를 키우는 엄마, 회사 경영자로서의 내 능력…. 그 어느 것도 쉽지 않았고 힘든 시간도 많았다. 그러나 지금은 내 커리어도 어느 정도 자리를 잡았고, 회사에 있는 동안 일을 다 끝내는 능력도 더 향상되었다. 게다가 이 비즈니스를 5년이나 할 수 있었다는 것은 멋진 우리 회사 직원들의 도움이 있었기에 가능했고, 그들이 있어서 모든 일을 내가 하지 않아도 되었다. 그래서 나는 일과 삶의 조화를 이룬다는 것이 현실적으로 신화라는 생각이 들고, 우선순위는 늘 바뀔 수 있기 때문에 최선을 다하면 된다고 생각한다.

인생의 모든 부분을 하나의 시각으로 바라보는 것은 바람직하지 않다. 인생의 어떤 시기는 어느 하나가 더 중요해서 더 많은 관심을 쏟아야 하고, 다른 것은 그냥 자연스럽게 지나가는 때도 있다. 누군가 일과 삶은 균형을 유지하는 게 중요하고 가능하다고 말한 적이 있지만, 그건 그들의 의견일 뿐이다.

엄마의 죄책감은 헛소리이다!

개인적으로 경험해보지 않았다 하더라도 많은 여자의 마음에 원죄처럼 자리 잡고 있는 '엄마의 죄책감'은 끔찍하며, 적극적으로 없애려고 해도 여간해서 없어지지도 않는 특별한 감정이다. 특히 일하는 엄마들이 죄책감으로 제일 힘들어한다.

엄마의 죄책감은 공부를 못하거나 사고를 치는 등 아이들이 일으키는 문제 앞에서 가장 커진다. 다른 엄마들은 아이들에게 올바른 먹거리를 찾아 먹이려고 애쓰고, 아이를 위해 좋은 과외 선생님을 구하는 등 육아와 교육에 힘을 쏟는 동안, 직장에 다니는 엄마들은 아이와 관련된 온갖 스트레스에 시달리기도 한다.

엄마로 산다는 것은 하루에 걱정할 일이 셀 수 없이 많다는 소리이기도 하다. 그래서 아이들 문제로 자책하고 선택에 확신을 가질 수 없고, 그래도 엄마로 뭔가를 했으니 나아지겠지 하는 막연한 희망 고문에 시달리느라 더 괴롭기만 하다. 나 또한 이런 죄책감으로 인해 내가 엄마로서 가졌던 자신감도 다 잃어버렸고, 정말 인생 최고의 날들을 최악의 날들로 바꿔버렸다.

우리가 일상에서 접하는 모든 기사, 책, 인터넷 정보들이 담합이라도 한 듯이 일률적으로 뭔가를 제안하고 추천한다. 학교의 다른 아이 엄마들은 정해진 브랜드나 스타일만 추천하고, 학교에서는 우리가 크면서 받은 교육과 다르게 하지 말라고 강요한다. 그걸 따라 하지 못하는 엄마는 죄책감만 커진다.

엄마의 죄책감은 자기 인식이 아니라 자기 파괴에 가깝다. 삶의 어떤 영역에서도 성장의 일부는 개선을 위한 변화의 결과이다. 하지만 엄마의 죄책감은 대체로 자신을 더 쇠약하게 만들고, 개선은커녕 자기 파괴를 반복할 뿐이다.

내가 최근 라이브스트림Livestream(미국의 생방송 사이트로 생방송 플랫폼을 제공하고 시청자와의 채팅과 영상 녹화가 가능하다)에서 "죄책감은 어떤 상황에서도 가지면 안 되고, 우리 삶에 도움이 되지 않아요. 그것은 아이들을 위해서도 좋은 감정이 아니에요"라는 발언을 했다. 그런데 누군가가 댓글을 이렇게 달았다.

"아니요, 죄책감은 중요해요. 죄책감을 느낀다는 건 뭔가를 잘못하고 있다는 걸 깨닫는 것이죠. 죄책감은 나쁜 선택을 하고 있다고 하나님의 방법으로 말해주는 거예요."

와우~! 아니, 정말로 그런 헛소리는 종교 생활에 독실한 척하는 사람들이나 하는 설교 아닌가?

우리는 창조주가 아닌 다른 사람들이나 부모나 선생님이나 주변 사람들로부터 죄책감과 수치심을 배웠다. 이유야 뭐가 됐든 다른 사람들이 수치스럽다고 생각하면 우리도 수치심을 느껴야 한다고 배운 것이다. 가족이나 영향력 있는 사람들이 죄책감을 느껴야 한다고 생각하는 게 뭐든 관계없이, 그게 바로 우리가 지금 갖는 죄책감일 뿐이다.

나의 이야기를 해보자면, 나는 1980년대에 오순절교회 목사의 딸로 성적 취향 자체를 금기시하는 환경에서 자랐고, 어떤 이유에서든지 성생활은 입에 올리지도 못했다. 그건 어떤 이유도 알지 못한 채 그냥 '결혼을 유지하기 위한' 것이었다. 결혼하면 어떻게 해야 하는지도 몰랐고, 누구도 말해주지 않았다. 잠자리에 익숙해지는 것이 불편하다고 말하는 게 엄청나게 놀랍거나 기발한 것도 아니다. 아무도 섹스에 대해 어떤 말도 해주지 않은 내 인생은 부부의 잠자리조차 부끄러움을 느끼게 했다. 문제는 내가 배운 그 정체불명의 수치심을 팽개쳐버릴 수가 없었다는 것이다.

난 이걸 이겨내기까지 수년이 걸렸지만, 지금은 남편과의 잠자리 생활이 아주 멋지다고 자신 있게 말할 수 있어 행복하다. 아주 고맙다. 하지만 내가 처음에 남편과의 잠자리에서 느낀 수치스러움은 잔인한 현실이었다. 나와 남편이 잠자리를 하는 게 잘못된 일이라고 하나님이 말씀하시는 것이 아니라는 것도 잘 안다. 그러니 죄책감과 수치심은 하나님이 정하신 것이 아니니 제발 엄마의 죄책감이 하나님의 말씀이라고 생각하지 말자.

죄책감은 지금까지 우리가 해왔거나, 지금 하고 있거나, 미래에 하려고 생각하는 모든 일들에 의문을 갖게 한다. 그리고 우리의 마음을 갉아먹고 병들게 한다. 이 쓸데없는 광기를 멈추자!

우리는 최선을 다하고 있다! 물론 우리가 죄책감을 가지고 있다는 사실은 아이들한테 그만큼 신경 쓰고 노력하고 있다는 반증이다. 보통의 우리는 아무리 열심히 노력해도 우리가 이상적으로 생각하며 원했던, 아니 사회가 우리에게 요구하는 그런 엄마가 될 수 없다.

오늘 나는 귀여운 막내 노아의 통통한 볼에 선크림을 바르고 있었는데, 갑자기 노아가 뒤로 넘어지며 마룻바닥에 머리를 부딪혔다. 물론 노아는 세상이 끝나는 것처럼 울었다. 나는 노아의 피부를 보호하려고 선크림을 바르려고 한 것이고, 노아는 제 맘대로 몸놀림을 하다가 우연히 뒤로 넘어졌을 뿐이다. 최선을 다했지만 어쩌다 보니 그렇게 되었다. 그런데 그게 인생이다! 그게 양육이다! 우리가 언제 이걸 완벽하게 해내야 된다는 법안을 통과라도 시킨 적이 있는가?

우리가 좋은 엄마가 되려고 열심히 노력하면서도 자책하면 다음에도 지금만큼만 하게 된다. 더 나아지거나 변하지도 않을 자신을 비난하면 나만 상처를 받는다. 그러니 죄책감 따위는 털어버려야 한다.

오히려 우리가 원하는 것을 추구하는 동시에 우리가 좋아하는 사람들에게 좋은 모습을 보이는 편이 훨씬 긍정적이다. 그렇게 생각하면 좋은 엄마와 좋은 기업가가 되는 것도 가능하다. 멋진 아내이면서 여전히 친구들과 주기적으로 만나는 것도 가능하다. 내가 중심이 되어 나에게 가장 중요한 것이 무엇인지를 세팅하면 다른 사람들의 의

견은 사라지게 되어 있다. 남들이 만든 기준에 맞추기 위해 어떤 과장
도 압박도 죄책감도 갖지 말자. 진실이 무엇인지는 내가 결정하는 것
이다.

나는 실패하는 게
두려워

:

〈뉴욕타임스〉의 베스트셀러 작가가 되겠다는 나의 꿈

85만여 명이 내가 실패하는 걸 지켜봤다. 일단 거기서 시작해보자. 단지 몇 명일 뿐이라도 그 증인 같은 사람들 앞에서 목표에 미치지 못하고 주저앉는 것이 얼마나 두려운 것인지 아는가? 나는 이렇게 추락했다.

나는 〈뉴욕타임스〉에서 선정하는 베스트셀러를 출판하겠다는 꿈을 오랫동안 간직해왔다. 유명한 작가도 아닌 평범한 내가 그런 꿈을 가졌었다. 평생 글을 써도 베스트셀러 목록에 책을 올리지 못하는 작가가 수두룩하건만, 나는 그때 책만 잘 팔면 다 된다고 생각했다.

그런데 어디선가부터 모든 게 모호해졌다. 우선 누구도 어떻게 그곳에 올라갈 수 있는지 확실히 말해줄 수 없다는 생각이 들었다. 그건 책 판매와 언론의 서평과 입소문과 보이지 않는 어떤 형태의 거대한 물결 같은 것이 모두 합해지는 종합 작품이 아닐까 하는 생각도 들었다.

최근에 출판한 《나를 바꾸는 인생의 마법》은 내가 쓴 책 중 6번째로 세상에 나왔고, 나는 그 책이 베스트셀러에 올라갈 수 있는 가장 좋은 기회인 걸 알았다. 사실 어떤 사람들에게는 그런 목표를 갖는다는 것 자체가 웃길 수도 있다. 하지만 애초에 그런 형태의 글을 쓰게 된 목표의 결과물인 데다, 또 우리는 모두 각자 마음속에 담고 있는 꿈이 있지 않은가. 오직 나에게만 말이 되는 그런 희망을 우리 모두 갖고 있지 않은가.

〈뉴욕타임스〉에서 선정한 베스트셀러 작가가 되는 나의 꿈은 생일 촛불을 끌 때마다 무려 15년 동안 빌어온 소원이기도 했다. 별을 보며 소원을 빌 때나, 민들레 씨앗을 불어 바람에 날려 보낼 때 내 머릿속을 채웠던 것이다. 그 외에 합당한 이유를 대라면 그건 아마 작가로서 검증됐다는 느낌을 받을 것 같아서였다.

나를 지지하고 사랑하는 팬덤이 그렇게 두텁다 해도 출판계에 발을 들이는 일은 매끄럽지 않았다. 그래서 오랫동안 작가를 꿈꿔왔지만 만약 실패하면 누군가의 입에 오를까 봐, 책을 내게 되었다는 말조차 아무에게도 하지 않았다.

하지만 나는 마음을 바꿔 내 꿈을 모두에게 알리기로 결정했다. 나의 오랜 꿈을 온라인 사이트의 팬들(당시 전 세계 여성 85만여 명)에게 말하기로 결정한 것이다. 만일 책이 베스트셀러가 되면 그들과 기쁨을 함께 나눌 것이라고 생각했다. 나를 지지하는 사람들이기 때문이다. 그리고 그렇게 되지 않는다고 해도 그건 우리에게 확실한 교훈이 될 것이라고 생각했다.

중요한 건 우리가 상황을 통제하려고 하면 안 된다는 것이다. 만약 나의 희망과 꿈을 마음속에만 간직하거나 내가 믿는 몇몇 친구들과만 공유한다면, 남들은 애초에 나의 목표가 뭔지도 몰랐기 때문에 누구도 나의 실패에 실망하지 않을 것이다. 이 전략은 남들이 우리의 성공에 놀랄 수도 있고 기뻐할 수도 있다는 뜻이다. 남들은 우리가 뭘 하고 있는지 절대 모른 채 어떤 성취라도 그냥 행복한 우연처럼, 또는 운명이 우리에게 미소를 지은 것처럼 느낀다.

큰일을 하려면 용기를 가지고 용감해져야 한다. 그리고 그 무엇인가를 향해 손을 뻗어야 한다. 내 인생 내가 사는데 실패는 중요하지 않으며, 다른 사람들의 의견도 그리 신경 쓸 일이 아니다.

나는 《나를 바꾸는 인생의 마법》을 낼 때 작가가 해서는 안 될 짓을 했다. 내 목표를 말한 것이다. 책이 출간되기 4달 전, 모두에게(여기에서 모두는 소셜미디어에서 나를 팔로우하는 사람들이다) 〈뉴욕타임스〉의 베스트셀러 작가가 되는 게 꿈이었다고 말했다. 그건 나를 좋아하는 전 세계 여성들에게 슬로건이 되었다. 내 꿈만 공유한 게 아니라 많은 사람이 오히려 나보다 더 열정에 불타올랐다. 모두 나와 함께 꿈을 꾼 것이다.

운명의 날이 왔다. 그날은 마침 밸런타인데이였고, 책이 나오고 정확히 일주일 뒤, 그리고 남편의 생일이기도 했다. 그날 오후 나는 소원이 이루어지지 않았다는 걸 알았다. 《나를 바꾸는 인생의 마법》이 〈뉴욕타임스〉 베스트셀러 차트에 오르지 못한 것이다.

나는 너무 슬펐고 솔직히 창피했다. 마치 내가 팬들이 줄 수 없는 것을 사달라고 부탁한 것 같은 느낌이었다. 청천벽력이었다. 나는 아기처럼 매일 울었고 며칠 동안 울적해 있었다. 하지만 꽤 빨리 결론에 도달했다. 모든 슬픔과 창피함에도 결코 목표를 포기하지 않겠다고 결심했다.

나는 소셜미디어에 매일 접속해 다른 사람들에게 자기의 꿈을 따라가라고 말했다. 시간이 날 때마다 라이브스트림을 하고, 우리에게 목표는 중요하고 좇을 가치가 있다고 말했다.

실패도 인생의 한 부분이라고 반복해서 말했다. 실패는 우리가 살아 숨 쉬고 있다는 뜻이다. 실패는 현재 목표를 향해 걸어가고 있다는 뜻이다. 내가 내 인생에서 실패를 연습하지 않는다면 누가 대신 해줄 수 있겠는가.

나는 줄곧 목표를 외쳤고, 미친 듯이 내 꿈을 얘기했다. 나는 내가 무언가를 목표로 하고 있다는 걸 85만 명에게 말했고, 그들은 내가 실패하는 걸 지켜봤다. 만약 우리가 쉽게 도달할 수 있는 걸 목표로 한다면 언제나 그곳에 갈 수는 있다. 그러나 손을 내밀면 쥘 수 있는 것을 목표라고 하지는 않는다. 우리의 머리보다 훨씬 위에 있는 것을 목표로 한다면, 우리는 상상하는 것보다 훨씬 높이 날 것이다.

⋮

다시 일어서기 위해 필요한 게 무엇인가?

나는 차라리 날고 싶다. 나는 차라리 꿈꾸고 싶다. 계속해서 실패해도 괜찮다. 내가 공개적으로 계속 넘어지고 그래도 다시 일어나서 앞으로 나아가는 걸 누군가 보면서, 자신을 위해 꿈을 꾸고 더 분발하기를 바라고 있다.

만약 마라톤을 신청한다면?

만약 학교에 돌아간다면?

만약 제빵을 시작한다면?

만약 직장을 관둔다면?

만약 힙합 댄스를 배우기 시작한다면?

만약 사역에 들어간다면?

만약 책을 써본다면?

만약 팟캐스트를 시작한다면?

누구라도 이런 꿈이 있다. 또한 꿈이 있어도 다른 사람들이 나의 실패를 눈치채는 게 두려워서 꼭꼭 숨는 사람이 많다는 것도 알고 있다. 남들이 보면 어떻고, 남들이 뭐라 하면 어떤가? 우리는 실패하더라도 훌훌 털고 일어나서 계속 앞으로 나가자. 나보다 더 중요한 사람은 세상에 없다.

지난 14년 동안 사업을 구축하고 꿈을 좇느라 내가 몇 번이나 실패했는지 아는가? 사실 남들은 대부분 기억하지 못하겠지만, 나는 실패하면서 배운 교훈 하나하나를 절대 잊지 못할 것이다.

무너졌을 때 다시 일어서기 위해 필요한 게 무엇인가? 나는 CEO로 일하는 동안 계속해서 무너졌다(심지어 내 다리에 걸려 넘어지기도 했다). 그럼에도 불구하고 나는 언젠가 실패를 모두 피할 수 있을 만큼 충분한 경험을 얻을 거라고 상상했다.

이탈리아에서 나의 웹사이트The Chic Site를 연 것을 기억하는가?

회사의 직원이 회사의 돈을 훔쳐갔는데 난 전혀 알지 못했던 참담함을 기억하는가?

내가 웨딩 플래너뿐 아니라 플로리스트가 되겠다고 결정했을 때를 기억하는가?

내가 명품 선물 바구니를 추가했을 때를 기억하는가?

당신이 궁금할까 봐 말해주지만 누구도 꽃이나 선물 바구니는 원하지 않았다.

나의 실패 리스트는 아주 길고 다양하다. 그동안 내가 얼마나 많은 시간과 돈을 날렸는지도 똑똑히 기억하고 있다. 하지만 가장 중요한 사실은 실수 하나하나를 되풀이하지 않는다는 것이다. 나는 내가 잘못했을 때 자책하지 않았다. 그것은 내가 더 빨리 일어나고 전보다 더 단단해진다는 뜻이다. 우리를 깨닫고 배우게 하는 여러 가지 실수는 최고의 연습이다. 되돌아보기 두렵고 앞으로 나아갈 용기가 없을 때만 진정한 실패이다. 명심할 일은 앞으로 나아가지 못하면 우리는 절대로 목표로 삼은 결승선을 넘어가지 못한다는 것이다.

⋮

우리 모두 실패를 두려워하지 말자

책을 출간하고 10주 후가 되어서야 불가능한 일이 일어났다. 아니, 불가능한 게 아니라 믿을 수 없는 일이 일어났다. 《나를 바꾸는 인생의 마법》이 〈뉴욕타임스〉 베스트셀러가 된 것이다. 출판사가 그 사실을 알려주기 위해 전화를 걸었을 때, 나는 말 그대로 무릎을 꿇고 완전 까

무러쳤다.

"나, 베스트셀러에 올랐어."

전화로 내 소식을 들은 남편도 비명을 지르며 환호성이었다. 나는 어린아이처럼 울었다. 그날 밤 우리는 집에서 10년 동안 쳐다보기만 했던 술을 마셨다. 10년 전 누군가가 우리에게 선물해준 샴페인, 아주 비싼 돔페리뇽 한 병. 그 술은 고급이라 특별한 날에 마셔야 할 것 같아서 따로 모셔두었던 것이다. 그때 나는 내가 상상할 수 있는 제일 크고 원대한 꿈, '〈뉴욕타임스〉 베스트셀러'가 목표라고 적은 메모지를 술병에 붙였다. 10년 동안 그건 우리 냉장고 안에 있었다. 우리의 작고 허름한 첫 연립주택에서 모시기 시작한 그 술은 이사를 할 때마다 함께 따라다녔다.

그날 밤 10년의 기다림 끝에 마신 샴페인은 오랜 기다림 때문이었는지 너무나도 달았다. 나는 목표를 향해 나아가는 동안 계속해서 실패했기 때문에 정말 마음이 가벼웠다. 나를 내려놓고 팬들에게 나의 실패를 기꺼이 보게 하지 않았다면 어떤 성취도 없었으리라는 생각이 들기도 했다.

나는 수없이 실패하고 아파했던 시간에도 감사한다. 내 커리어에서 지금 여기 오기까지는 14년 동안 쌓인 실수가 힘이 되었다. 내가 쓴 모든 책이 하룻밤에 만들어진 성공이 아니라는 사실도 기쁘고 감사하다.

나의 글쓰기 커리어와 사업에서의 커리어는 지금 더욱 빠르게 비탈을 내려가는 눈덩이와 같다. 그리고 그 눈덩이는 최근에 땅의 진동을 느낄 만큼 충분한 스피드가 붙었다.

내가 살았던 보잘것없는 작은 공간들에도 감사한다. 그런 환경은 나를 성장하게 했다. 나는 살아가는 동안 있었던 모든 실수에도 감사한다. 그런 실수를 반추하며 다시 뛰는 법을 배웠기 때문이다.

나는 불안한 모든 순간에도 감사한다. 그건 내가 연습과 공부를 통해 얻은 자신감을 가지고 앞으로 나아가게 해주었다. 어떤 것이라도 빨리 혹은 너무 쉽게 이루어졌다면, 나는 아마 타고난 운과 선천적인 재능을 진작 소진하고 말았을 것이다.

여기에 오기까지 내가 고난과 맞서 싸운 것도 나에 대한 믿음이 있었기 때문이다. 기꺼이 하겠다고 했을 때 무엇이든 성취할 수 있었던 것은 특별한 재능이 있어서가 아니라, 내가 실패를 개선하기 위해 특별히 헌신했기 때문이다. 그러니 우리 모두 실패를 두려워하지 말자. 다른 사람들이 우리의 시도를 어떻게 생각할지 두려워한다면 아무것도 성취하지 못할 것이다.

남들이 이미
해버렸잖아

:

세상에 전혀 새로운 일이 있는가?

우리 모두가 잘하는 말 중 하나이지 않은가. 우리보다 먼저 시작한 남들의 성공 앞에서 우리가 하고 싶은 것을 쉽게 접어버린다. 글을 쓰든 사업을 시작하든 앱을 만들든 비영리 단체를 만들든 나만의 것을 시작도 하기 전에 누군가가 이미 해버렸기 때문에 포기한다.

이미 그것은 끝났어!

물론 그렇다. 모든 일은 전에 끝났다. 키스, 데이트, 결혼, 글쓰기, 스페셜 요리, 멋진 아이라이너 그리기, 뱅자 앞머리 등 솔직히 우리가 한 번쯤 해보고 싶어 할 만한 재미있는 모든 것은 이미 끝났다. 남들이 전혀 하지 않은 일이나 한 번도 경험하지 못한 일을 찾는 것은 하늘의 별 따기만큼 힘들다. 그런데 왜 우리는 더 큰 걸 추구하기는커녕 그렇게 남의 밥상에 숟가락 얹기는 싫다고 다 던져버릴까?

혹시 우리는 핑계가 필요하기 때문일까? 우리가 꿈꾸는 걸 다른 누군가가 이미 했다고 해서 하고 싶은 일을 멈추거나 주저해서는 안 된다. 예를 들면 엣시Etsy(미국의 온라인 쇼핑몰)에서 무지개 모양 받침을 만들어 팔고 있는 것을 보면 온라인에서 팔 수 없는 것은 없다고 생각해야 한다. 특히 자신만의 솜씨로 공예품을 만들어 파는 것이 보람 있고 재밌겠다는 생각이 들어야 한다.

만약 다른 사람들의 성공이나 창의성이 부럽다면, 우리 인생에서 무엇인가를 더 추구하는 것이 가치 있다는 사인으로 봐야 한다. 그것을 경쟁으로 평가하거나, 남들보다 더 잘하지 못할까 봐 아예 시도조차 하지 않는다면 나만 손해이다. 물론 부분적으로 그런 생각을 할 수도 있겠지만, '비교'라는 건강하지 않은 게임에 매달리면 앞으로 나아가지 못한다.

내가 많은 사람에게서 받는 메시지 대부분은 "나는 당신의 책에 감명받았어요. 그래서 당신처럼 작가가 되고 싶어요. 하지만 절대 당신처럼 글을 쓸 수는 없겠죠", 아니면 "나도 항상 사람들에게 강연하고 싶었는데 당신만큼 잘하지는 못할 거 같아요"이다.

나의 중간과 당신의 시작을 비교하지 말자! 당신이 지금 읽고 있는 건 나의 8번째 책이고, 테크닉 면에서 나의 처음 책과는 많이 다르다. 첫 책을 지금 낸 8번째 책 같은 수준이라고 생각한다면 그것은 오해이다.

내 인스타그램 피드를 보고 그게 예쁘거나 아름답다고 생각한 적이 있는가? 그렇다면 몇 년 전으로 쭉 내려가 보자, 그냥 재미를 위해서…. 옛날의 내 스타일과 사진에서 로봇처럼 보이지 않게 하기 위해 고민하고 애쓰던 흔적을 찾아보자. 블로그도 뒤져보자. 일부는 정말 가관이다.

내가 훌륭한 연사라고 생각하는가? 제발 가서 내가 MOPS_{Mothers of Preschoolers}(미국에서 1973년 시작된 온라인 모임으로, 어린 자녀를 둔 엄마들이 자신의 생활, 문화, 육아법 등을 공유하고 있다. 미국을 비롯한 남북 아메리카, 유럽, 아프리카, 오스트레일리아 등의 68개국 회원들이 활동 중이다) 그룹과 현지 노인들 집에서 연설하는 옛날 유튜브 영상들을 보자(정말 장난이 아니다!).

나는 일부러 옛날 것들을 피드와 내 웹사이트에 그대로 두는데, 그건 누군가 어느 날 인터넷의 토끼굴 아래로 떨어져 나의 옛날 모습을 발견하더라도 내가 거친 그간의 과정을 보기를 바라기 때문이다.

나는 처음부터 이렇게 태어나지 않았다. 나와 비교하는 당신 같은 사람? 당신을 비롯해 누구라도 마찬가지이다. 우리는 하고자 하는 일을 누군가 이미 했기 때문에 시도하길 멈춘다. 물론 그렇게 생각할 수는 있다. 하지만 그들이 이미 다 끝낸 것이 아니지 않은가.

중국의 속담 중에 '나무를 심기에 가장 좋은 때는 20년 전이다. 두 번째로 좋은 때는 지금이다'라는 말이 있다. 우리는 원하는 것을 스스로 포기할 수도 있다. 하지만 우리의 핑계보다 꿈이 더 강하다면서 밀어붙일 수도 있다.

⦂
남들이 할 수 있는 것이라면 다 배울 수 있다

남들이 할 수 있는 것이라면 거의 모든 것을 배울 수 있다. 때문에 우리가 잘 해낼 것인지 의문을 가질 필요는 없다. 더 나아질 때까지 견딜 수 있고 겸손하게 배울 수 있느냐가 관건이다. 글을 잘 쓰거나, 말을 잘하거나, 사진을 찍거나, 춤을 추거나 등 마음만 먹으면 기술적인 측면에서 잘할 수 있는 것들이 널려 있다. 이런 기술은 대개 시간이 지남에 따라 배우는 만큼 실력이 늘어나게 된다.

하지만 우리가 발을 출발선 앞쪽에다 내놓지 않으면 잘하거나 더 잘하거나 최고가 되는 그곳에 절대 도달할 수가 없다. 연설을 할지, 글을 쓸지, 사진을 찍을지 무엇을 선택하건, 분명한 사실은 경주에 나서지 않는다면 결승선을 통과할 기회도 없다는 것이다.

누군가 해낸 것에 내가 미치지 못할까 봐 시도조차 하지 않고 포기하는 이유는 두려움일 것이다. 예전에 해본 적이 없으니 망칠까 봐 두려운 것은 당연하다. 그렇다. 누구나 처음 시작하는 일은 망치기 일쑤이다. 이런 두려움은 잘하지 못하는 사람이 갖는 게 아니라 완벽주의자들이 감추고 있는 습관일 뿐이다. 그러나 더 솔직히 말하자면, 이것은 핑계에 불과하다. 우리 안에 엄청난 잠재력이 있는데 혹시나 내가 시도하는 게 부족함을 확인하는 계기가 될까 봐 그러는 것일 수 있기 때문이다. 처음부터 실수 없이 잘 해낼 수 있다면 남다른 노력이나 의지 같은 것이 대체 누구한테 필요하겠는가.

이번이라고 뭐가 다르겠는가. 이런 말도 터무니없기는 마찬가지이다. 자신을 너무 몰아붙이지 말자! 우리가 무엇을 하든, 그게 처음이든 몇 번의 실패 후에 하는 것이든, 자신을 믿지 않는다면 소용이 없다. 내가 나를 믿지 않으면서 누구한테 나를 믿어달라고 할 것인가? 우리는 새로운 목표를 시도하기 전에 스스로를 존중해야 한다. 그런 자신감을 가지고 다른 사람과 이야기해야 한다. 자신을 사랑하고 믿고 인정할 줄 알아야 더 많은 것과 손잡을 수 있다.

다른 사람이 이미 해냈다고 걱정하는 자신을 발견한다면, 그게 쓸데없는 기우라고 생각해야 한다. 누군가가 해냈다면 우리는 그걸 연구하고, 그의 행동을 따라 하고, 그들의 지침을 안내 삼아 자기만의 이론과 행동으로 접목하고 시험해볼 수 있다. 우리만의 엄청난 것을 만들어내기 위해 남들의 '어떻게'와 우리의 '왜'를 결합할 줄 알아야 한다.

우리 앞에 놓인 큰 목표를 우선 넘어서고 나면, 즉 그 정상에 도착하고 나면 우리는 멀리 보이는 또 다른 산을 보게 될 것이다. 그때가 되면 내가 정복한 산이 실은 작은 언덕에 지나지 않았다는 걸 깨닫게 될 것이다.

개인적인 목표는 무한하며, 계속 새로운 목표에 도전하려는 중독성이 있다. 하나를 이루고 나면, 우리 모두 또 무엇을 할 수 있는지 궁금해지기 시작한다.

그 답은? 우리가 마음먹은 모든 것을 이룰 수 있다고 믿어야 한다. 하지만 먼저 우리는 남들과의 비교라는 자기와의 싸움을 끝내야 한다. 우리가 남들만큼 잘하지 못할까 봐 갖는 두려움을 극복하지 못하면, 스스로 개척자가 되는 기회를 절대 가질 수 없기 때문이다.

남들이
뭐라고 생각할까?

아직 몇 번 안 가긴 했지만 나는 복싱을 하고 있다. 복싱을 해보니 심신의 건강을 유지하는 데 좋은 운동이라는 생각이 든다. 나는 실제로 복서들을 가르치는 트레이너에게 복싱 훈련을 받는데, 주로 언제 어떻게 펀치를 날리는지를 집중적으로 배운다.

복싱은 너무 힘들고, 어떤 때는 링 위에서 죽을 것같이 고통스러우며, 아침으로 먹은 스무디를 다 토해낼 것 같은 느낌까지 든다. 게다가 나는 트레이너가 내 머리를 쳐서 쓰러뜨릴까 봐 최대한 피하려고 애쓰는, 4명의 아이를 가진 삼십대 중반의 엄마이다. 내가 특별히 복싱에 재능도 없지만, 최종 목표가 없기 때문인지 가끔 복싱은 나와 맞지 않는다는 생각도 한다.

그런데 왜 나는 복싱을 하는 것일까? 힘들다면서 왜 나보다 훨씬 더 잘하는 사람들 사이에서 뭔가를 해보려고 계속 시도하고 있을까? 다른 사람들이 그런 나를 보며 자기 식으로 판단하고 자신들만의 결론을 내릴 게 뻔한데, 특정한 기술도 없는 내가 뭔가를 배우려고 노력하고 있을까?

복싱이 나를 행복하게 하기 때문이다. 나는 펀치를 날리고, 제이지Jay Z 노래에 맞춰 운동하고, 진짜 말괄량이처럼 모자를 거꾸로 쓰는 것도 신이 난다. 그냥 복싱하는 게 즐겁고, 무언가 새로운 걸 배우기 위해 나를 밀어붙이는 게 좋다. 또한 나는 다른 사람들이 어떻게 생각하는지 전혀 신경 쓰지 않는다.

물론 이것을 읽고 결과에 상관없이 나를 좋게 받아들이고 비판하지 않는 사람이 있을 것이고, 반대로 부정적이고 삐딱하게 나를 비판하는 사람도 있을 것이다. 어느 쪽으로 나를 판단하든, 내가 좋다면 복싱을 조용히 계속하는 게 맞다. 내가 다른 사람들에게 어떻게 받아들여질지는 깊이 생각할 필요도 없다.

우리 아이들은 가라테karate(일본의 대표적인 무술로 주로 손가락 관절과 손날을 공격 수단으로 사용한다)를 매주 월요일 배운다. 다른 날에는 야구 연습과 피아노 연습을 하고, 시간이 나면 가라테 연습도 한다. 학교 뮤지컬 오디션을 볼 수도 있다.

나 또한 노는 날에 맞춰 아이들의 치과 예약을 잡을 수 있고, 함께 머리를 자르러 가기도 한다. 아이가 넷이면 놓치지 말아야 할 일이 너무나도 많고, 얼마만큼 노력하느냐와 상관없이 그걸 항상 다 기억할 수가 없다.

다만 나는 아이들이 멋진 것을 할 수 있는 기회를 가졌는데 혹여 내 스케줄 때문에 아이들의 일이 뒤로 밀려나지 않기를 바라는 엄마이다. 그래서 나는 일찍 나와 아이들을 연습장으로 데려간다. 그리고 어느 순간이 되면 체육관의 파란색 카펫 위에 앉아서 노트북을 열어 메일을 보거나, 정해진 기간까지 마쳐야 하는 다른 일을 한다. 그런데 그럴 때마다 불가피하게 다른 부모들의 눈총을 받을 때가 많다.

그 눈총은 사실 내가 쓰는 컴퓨터 케이스나 내가 입은 옷이 멋있어 보이거나, 아니면 나의 똥머리 스타일이 유독 예뻐 보이기 때문일 수도 있다. 하지만 나는 그 눈총이 아이들의 연습 과정을 열심히 지켜보지 않고 자기 일을 하고 있기 때문이라고 지적하는 것만 같아 불편하다.

나의 육아 스타일을 다른 부모들이 어떻게 생각할지 모른다는 불안한 마음에 잠시 컴퓨터를 덮어야 하나 하는 생각도 든다. 하지만 나는 다른 부모들의 눈초리가 무서워서 컴퓨터를 덮지는 않는다. 그것은 워킹맘이 살아가는 라이프 스타일의 일부일 뿐이라고 생각한다.

나는 가능하면 워킹맘들이 아이들의 학교와 과외 활동에 참석할 수 있기를 바란다. 아이들이 〈포켓몬스터〉 사운드 트랙에 맞춰 가라테를 연습하는 동안, 기껏 엑셀로 스프레드시트를 만들고 있어야 할지라도 말이다. 나는 오히려 그런 경험을 할 수 있어서 축복이라고 여긴다.

그래서 나는 따가운 눈총을 느껴도 컴퓨터를 가방 속으로 밀어 넣지 않는다. 이것이 내가 하는 일의 일부이고, 네 아이가 열심히 일하고 헌신하는 엄마를 인정하는 것이라고 생각하기 때문이다. 어떤 상황에서도 일하는 나를 보고 여자도 얼마든지 자기 능력을 발휘하고 살 수 있음을 어려서부터 경험하고 인정하는 것도 중요하지 않을까? 그렇다고 언제나 멀티태스킹을 하지는 않는다.

나는 연습장에서 다른 부모들한테 별로 관심이 없고, 나를 어떻게 생각하는지도 걱정하지 않는다. 그저 워킹맘으로서 내가 할 수 있는 것을 나의 방법으로 최선을 다하는 것뿐이다.

자신의 삶이나 일이 다른 사람들의 의견에 휘말리면 안 된다. 만약 그런 기운을 느끼고 있다면 우리의 영혼이 빠져나가는 것과 같다. 학교에서 나를 보는 다른 엄마들의 의견? 복싱 체육관에 나와 함께 복싱을 하는 트레이너들의 의견? 인터넷에서의 모르는 사람들이나 나의 부모님이나 내 팬들의 의견? 이 중 어떤 것이라도 내가 과도한 영향을 받는다면, 내 삶의 우선순위는 흐트러질 것이다. 다른 사람들의 기대에 맞춰 나의 행동을 지배하기 시작하면, 그때부터 나는 망가지는 것으로 생각해야 한다. 즉 나의 희망, 꿈, 자각 모든 게 망가진다.

내가 이런 말을 할 때 가끔 뒤따라오는 질문이 있다.

"그렇게 자신에게 의견을 주고 충고해주는 사람을 거부한다면, 우리가 진실로 올바르게 살 수 있을까요?"

한편으로 이 말도 틀리다고는 할 수 없을 것이다. 그러나 우리는 뭐가 맞고 틀리는지 잘 판단할 수 있다. 우리는 뭐가 진실인지 알고, 또 우리가 원하는 것을 이루는 날까지 우리의 삶을 어떻게 살아갈지도 잘 안다. 그걸 이룰 수 있을지 없을지는 아무도 모르지만, 우리는 노력하고 애쓰고 있지 않은가. 그러니 우리 스스로를 과소평가하지 말자.

또한 우리한테는 진실한 친구들이 있고, 지혜가 담긴 조언을 필요에 따라 받을 수도 있다. 이 친구들은 필요하다면 언제든지 의견을 주고받을 수 있는 사이이다.

다른 사람의 의견을 구하는 것과 다른 사람의 승인을 필요로 하는 것은 아주 다르다. 보통 후자는 전자를 위장해서 접근한다. 그럴 때 뭔가 확실한 생각이나 판단이 없다면, 다른 사람의 의견을 구하거나 동의할 사람을 찾으면서 어떻게든 정당화하는 함정에 빠지게 된다.

우리는 더 이상 다른 사람의 의견이나 기대에 억눌리지 않으면 좋겠다고 생각하지만 현실에서 실천하며 살기란 쉽지가 않다. 어쩌면 쉽게 깰 수 없는 습관일 수도 있다. 부정적인 의견일수록 처음에는 배려와 친절로 다가온다. 물론 우리를 생각해주고 걱정해주는 사람이긴 하다. 하지만 아무리 선의라고 해도 정말 나를 위한 것인지, 아니면 나의 선택이 잘못되었다는 그의 판단인지는 모른다.

누군가의 부정적인 의견은 우리에게 상처를 주기도 한다. 그 의견을 제시하는 사람이 누구든 (가족이든, 친구든, 낯선 사람이든) 대체로 그 의견은 건설적인 피드백이나 우리를 위한 배려가 아닌 경우가 더 많다. 기껏해야 우리를 놀리거나, 무시하거나, 최악의 경우 우리를 파괴하거나 상처를 입힌다. 때문에 우리의 삶에 다른 사람의 조언과 참견을 끼우지 말자. 한 번이라도 그런 조언과 참견을 받아주면 그걸 늘 허락한 것이나 마찬가지이다. 또 언제나 그래 왔다고 해서 계속 참을 필요는 더욱 없다.

사랑을 전제로 하는 부모나 어른들의 의견이 어려서는 절대적이다. 그러나 철이 들고 자신만의 정체성이 형성된 후에는 대체로 내가 옳다고 느끼지 않는 이상 모두 진실로 받아들이지 않게 될 것이다. 다만 습관처럼 남에게 기대어 내 의견이 없이 살았다 하더라도 별 도움이 되지 않는 의견은 거절해야 한다. 거절할 수 있어야 성장하게 된다.

미국의 사회운동가이자 인권운동가인 안나 엘리너 루스벨트Anna Eleanor Roosevelt는 "어느 누구도 우리의 동의 없이 우리 기분을 나쁘게 만들 수 없다"라고 말했다. 거기에 덧붙이자면 아무도, 사실 아무것도 하지 않았는데 우리의 마음이나 기분을 나쁘게 하는 걸 용납하지 말자.

그게 무슨 뜻이냐고?

예를 들어 나와 사이가 별로인 시어머니를 떠올려보자. 아니면 소셜 미디어를 통해서만 아는 학교 동창이나 별로 친하지 않은 사촌 언니를 떠올려보자. 이들은 모두 아무 짓도 안 했고, 심지어 아무 말도 하지 않았다. 우리 스스로 그러지 않을까 하고 짐작하거나 의심하면서 자기를 파괴하고 있는 것이다.

놀랄지도 모르겠지만 아무도 우리를 진심으로 생각하지 않는다. 아무도 우리가 뭘 할 건지에 대해 관심이 없고, 만약 있다고 해도 우리를 마음대로 판단하거나 우리의 등 뒤에서 비웃지 않는다. 우리가 괴물들과 어울려 사는 게 아니지 않은가.

그리고 우리가 생각하는 것보다 남들은 훨씬 더 우리를 좋아하지 않는다. 전혀 관심이 없을 수도 있다. 그러니까 전혀 상관이 없는 것이다. 만일 뒷받침할 근거도 없는데 남들이 나를 최악으로 생각한다고 혼자 추측한다면 그것은 순전히 자신의 문제이다. 또한 이런 상황임에도 보통 우리는 나만의 생각에 매몰된 채 다른 사람을 탓하거나, 내 책임은 하나도 없다는 듯이 행동한다.

세상을 살면서 겪게 되는 진실은 남들이 우리를 어떻게 생각하든 상관없다는 것이다. 우리가 스스로를 어떻게 생각하는지가 중요하다. 우리가 남들의 의견에 적극적으로 대응하고 의도적으로 다른 사람의 생각에 집착하지 않는 삶을 살면, 그것이 우리 인생을 훨씬 자유롭게 해줄 것이다.

나는 나쁜 여자가
아니야

:

나는 크면 부자가 되겠다고 결심했다

'나는 진취적인 사람이야, 자기야.' — 제이지

어느 작가가 명언으로 글을 시작할 때 살짝 거부감이 들고 싶지는 않은가? 나는 지금까지 7만여 권의 책을 읽었다. 오래도록 책벌레로 살았던 내가 가장 많이 읽은 것은 끔찍하게 오글거리는 로맨스 소설이었는데, 특히 소설 속의 명언 같은 것을 항상 약간 허풍스럽다고 느꼈다.

내가 어떤 취향이구나 하는 식으로 미리 재단하지는 말자. 나의 요점은 인용구로 시작하는 장을 싫어한다는 것이다.

하지만 여기에서는 다르다. 그저 보너스로 생각하면 된다. 지금 여기에 나와 함께하는 진취적인 여러 사람 모두에게 감사한다! 그래서 내가 생각할 수 있는, 가장 진취적이며 상징적인 라인으로 시작했다. 바로 제이지의 가사로 말이다.

이 책의 보너스 장은 애니메이션 영화 〈마이 리틀 포니〉의 이퀘스트리아 걸Equestria Girls이나 킴 카다시안의 생일 파티처럼 만들고 싶다. 누구에게나 어떤 일도 일어날 수 있다. 그래서 나는 꿈을 좇고 뭔가를 더 원하며, 힘든 일과 대담한 목표를 두려워하지 않는 여자들을 위해 제이지의 가사를 가져오고 진취성에 대해 이야기를 나누고 싶다.

애초부터 몽상가였던 나는 여태까지 기대 이상의 성과를 거두어왔다. 미래의 내 모습을 상상했고, 내가 살아갈 대저택이 어떻게 생겼는지 꿈꾸었고, 근사하게 떠날 휴가는 어떻게 보낼지, 어떤 왕자와 결혼하고 어떤 말들을 가질지 상상할 수 있었다. 왜 말들이냐고? 7세 때부터 나만의 말을 가진다는 건 최고의 환상이고 부유함의 상징이었기 때문이다. 나는 그 말을 '칼리오페'라고 이름 지을 예정이었으며, 영화처럼 승마를 할 것 같은 부잣집 여자아이들이 입는 특별한 황토색 승마바지를 입고 푸른 들판을 마음껏 달릴 예정이었다.

자기만의 공상에 잠기던 어린 소녀는 특별하지 않았지만, 특이하게도 그때 난 이미 내가 기꺼이 노력만 한다면 뭐든지 성취할 수 있다는 걸 알았다. 누구도 내게 그런 말을 해준 기억은 없다. 어쩌면 나는 스스로 관찰하며 천천히 터득했는지도 모른다.

보통 가난한 집에서 자라는 애들은 자기 집 환경과 정반대인 집을 알 때까지 가난에 신경을 쓰지 않는다. 그런데 나는 굉장히 어릴 때 이미 하루 벌어 하루 먹고 살지 않는 사람들이, 돈 때문에 서로에게 소리 지르지 않는 사람들이, 마트에 그냥 걸어 들어가 원하는 걸 아무거나 그냥 사는 사람들이 있다는 사실을 깨달았다.

나의 미래에 대한 목표가 굳어진 건 11세 때였다. 부모님이 허구한 날 싸우다가 또 헤어졌을 때인데, 솔직히 그게 몇 번째였는지조차 말할 수도 없다. 그때의 기억이 선명한 것은 엄마가 이사를 가기로 결정했다면서 내게 자기를 따라오라고 고집했다는 것이다. 어느 누구도 부모님이 왜 헤어졌는지, 내가 뭘 원하는지, 내 생각이나 할 말이 있는지 묻지 않았다. 그냥 그렇게 되었다고 통보할 뿐이었다. 세 오빠와 언니들은 아빠와 함께 집에 그대로 남고, 나만 엄마와 낡은 아파트로 이사를 가게 된 것이었다. 그때가 어린 시절의 가장 어두운 나날들이었다.

나는 오빠와 언니들을 가까이할 수 없었고, 두 집 살림을 하는 부모님은 매일 돈이 없다는 현실을 자식들한테 적나라하게 보여주었다. 어린 시절의 우울한 상처였다. 그 황폐하고 허름한 아파트에서 학교 친구들 몇 명을 불러 11세 생일 파티를 했는데, 그때의 사진은 다시 보고 싶지도 않다. 엄마가 오래된 파이렉스 계량컵으로 장식도 없는 박스 케이크를 구워주었지만 나는 울어버렸다. 어린 마음에 너무 창피하기만 했기 때문이다.

나는 특별한 날조차 아무것도 할 수 없는 그렇게 가난한 삶이 싫었다. 그렇다고 엄마에게서 독립하겠다고 주장하기에는 너무 어리고 아무것도 몰랐다.

나는 그날, 크면 부유해지겠다고 결심했다. 생일 촛불을 끄며 빈 소원이었다. 그 작은 주방의 얼룩진 카펫 위의 초라한 식탁 앞에 서서 뭔가 더 나은 것을 가지겠다고 나 자신에게 약속했다. 이렇게 살지 않아도 될 만큼 능력이 생길 때, 나는 절대 이렇게 살지 않겠다고 격렬하게 마음먹었다. 언젠가는 꼭 부자가 될 것이라고.

:

우아한 여자들은 돈을 입에 올리지 않는다?

우아한 여자들은 돈을 입에 올리지 않는다는 게 불문율이다. 그들은 이유에 관계없이 돈이 인생의 목표라고 주장하지도 않는다. 그래서였을까. 어린 시절의 내가 배운 것도 그런 면에서 맥락이 통한다. 그게 무엇일까?

"너는 주어진 대로, 너한테 주는 것만 받아. 신경질 내지 마."

이 말의 뜻은 내게 주어진 게 어떤 삶이든 나는 기뻐해야 하고, 내게 어떤 상황이 오든 은혜롭게 여기고 감사해야 한다는 뜻이었다. 하지만 어린아이로서, 그리고 나중에 10대가 된 이후에는 현실에서 초라하고 형편없는 존재라는 잔인한 확인만 가능할 뿐이었다.

나는 어렸기 때문에 내게 주어진 걸 바꾸고 잘 살기 위해 할 수 있는 것이 없었다. 다만 나는 눈물겨웠던 그 생일 파티 이후 내가 커서 내 삶을 통제할 수 있다면, 아무도 내게 주어진 것을 그대로 받아들이라고 강요하지 못할 거라는 사실을 알았다.

자기의 삶에 대한 무한한 감사와 뭐든 맹목적으로 모두 받아들이는 삶은 아주 큰 차이가 있다. 나는 언제나 더 많이 원했다.

나는 자라면서 가졌던 것보다 더 원했다. 더 많은 기회를 원했고, 더 많은 지식을 원하기도 했다. 더 많은 도전을 원했으며, 더 많은 것을 쟁취하고 싶었고, 더 많은 영향을 받고 싶어 했다. 가난하고 힘든 환경에 처한 사람들이 어떤 기분으로 인생을 사는지 너무 잘 알기 때문에 그런 사람들을 도울 능력도 가지기를 원했다. 재정적 지원이 그 모든 것을 가능하게 할 것이라는 사실도 깨달았다.

내가 아이였을 때 사람들은 나를 귀여운 꼬마라고만 생각했다. 사람들은 내 머리를 쓰다듬으며 삶이 얼마나 소중하고 감사한지 말해주었지만, 나는 20대 초반에 가족, 친구들, 남편에게 무엇이 수용되고 무엇이 수용되지 않는지 다 배웠다.

내가 회사를 시작했을 때 모두 나의 투지에 경의를 표했다. 3년 후 나는 첫아이를 임신했고, 사람들은 기다렸다는 듯이 내게 언제 회사를 그만둘 건지 물었다. 나를 오해한 사람들은 내가 회사를 운영하는 사람임에도 전업주부이자 아이의 엄마로 살기 전에 잠시 무료함을 때우려고 바쁘게 일했다고 생각하는 것 같았다.

나는 전업주부보다 더 힘들고 더 중요한 직업은 없다고 진심으로 믿는다. 내 전업주부 친구들에 대해서도 무한한 존경심을 갖고 있으며, 전업주부가 나와 맞지 않는다고 말할 때도 다른 의도나 목적이 없다. 나와 맞지 않는다는 말 그대로일 뿐이다.

남편 다음으로 아이들은 나의 가장 큰 축복이다. 하지만 만약 내가 남편이나 아이들과 하루 종일 집에 있어야 했다면, 우리 중 누가 살아남을 수 있었을지 잘 모르겠다. 그건 내 능력 밖이다.

내 능력 안에 있는 건 무엇일까? 성공적인 비즈니스를 구축하고, 팀을 꾸리고, 책을 쓰고, 콘퍼런스에서 연설하고, 소셜미디어를 운영하고, 전략을 세우는 등등을 꼽을 수 있겠다. 그리고 비즈니스의 영감을 얻기 위해 전 세계에서 날아오는 1,000여 명의 여성이 모이는 라이브 이벤트를 계획하는 것이다. 하지만 그때는 이 모든 게 불투명했고, 내 능력을 증명할 근거도 전혀 없었다.

회사가 창업 초기였기 때문에 회사 일은 내게 새로웠다. 모르는 것도 많았고, 오직 가슴속 열정만 가득했는지도 모른다. 도서관과 구글에서 책을 조사하면서 비즈니스의 운영 노하우를 계속 생각했고, 사람을 불문하고 지혜를 얻을 수 있는 사람이라고 생각하면 수만 가지 질문을 던졌다.

회사의 경영이 처음엔 느린 속도로 흘러갔지만, 그래도 앞으로 가고 있었다. 결국 나는 첫 번째 고객을 얻었고, 엉덩이에 불이 나도록 일했다. 그 고객이 나의 마지막 고객이나 되는 것처럼 모든 힘을 다했다. 돈도 없었고 축적된 경험도 없었지만, 나는 누구와도 비교할 수 없는 바른 직업윤리를 갖고 최선을 다했다. 나는 첫 번째 고객의 추천을 기반으로 다음 고객을 얻었다. 회사의 포트폴리오를 만들기 위해 이벤트를 하기도 했다. 나를 찾아온 어떤 고객도 마다하지 않고 다 맡았다.

고객은 손 하나 까딱하지 않아도 되도록 파티를 진행해주었다. 내가 해줄 수 있는 것은 뭐든지 다 해주었다. 거기에 감동받은 고객들이 다른 고객을 소개하는 식으로 회사의 실적도 탄력이 붙었다.

임신한 상태에서 가족들에게 일도 병행하겠다는 나의 선택을 이해시켜야 했다. 엄마가 특히 반대했다. 그러나 곧 아기가 태어날 우리한테 돈이 필요하다는 대목에서, 워킹맘을 달가워하지 않는 엄마도 현실을 받아들였다.

하지만 2년쯤 지난 후, 데이브의 연봉만으로 우리 가족이 생활하는데 부족함이 없었다. 내가 굳이 일하지 않아도 되는 기미가 보이자, 그동안 잠잠했던 주변이 다시 술렁였다. 먼저 엄마의 불만이 노골적으로 표출되기 시작했고, 그걸 모르는 척하는 내 마음에는 죄책감이 쌓여갔다. 워킹맘 그대로의 나를 고수하기란 만만한 일이 아니었다.

주변에서 나를 집으로 불러들이려는 여러 시도가 있었다. 내가 나의 길을 간다는 신념은 주위 사람들의 의견으로 만신창이가 되고 유리 조각처럼 흩어지기 일쑤였다. 다른 사람들의 의견이 모래와 파도가 되어 나의 들쭉날쭉한 모서리를 깎아내면서 상태를 악화시켰다. 나는 다른 사람과 맞지 않고 이상한 방향으로 뛰는 부분들이 결국 나를 만드는 과정이었음을 그때 어렴풋이 알게 되었다.

나의 특이함과 나의 고집스러움? 그런 것이 없으면 내가 나를 조종할 수 있을까? 그렇다. 그래도 나는 나의 리더이다. 내가 나를 가르치는 선생님이다. 이렇게 열심히 노력하고 뛰어다니며 풍부한 지식으로 구글의 검색창에서 찾을 수 있는 성공적인 회사 2개를 창업했다.

:

나는 기꺼이 나쁜 여자가 될 용기가 있다

내 꿈은 원대하지만 목표는 매우 간단하다. 나는 많은 여성이 자신의 인생을 바꿀 수 있는 힘을 자기 안에 모두 가졌다는 걸 알면 좋겠다. 그게 내가 하는 모든 일의 핵심이다. 그게 내가 세운 플랫폼이고, 나는 그 일을 하기 위해 지금도 노력 중이고 나의 신념을 믿는다. 또한 이 아이디어를 중심으로 미디어제국도 건설하는 중이다. 소박한 회사나 작은 취미에 불과한 부업이 아닌, 사업이라고 말할 만한 미디어제국.

세상은 내게 우아하고 좋은 여자는 진취적이지 않다고 끊임없이 속삭인다. 그런 여자들은 열렬하게 땅에 깃발을 꽂지 않으며, 언론계의 거물mogul이 되고 싶다는 소리도 외치지 않는다고 말한다. 그런 여자들은 손목에다 'mogul'이라는 단어로 문신 따위를 할 필요도 없다. 아니, 하지도 않는다.

물론 나만 다른 사람들의 기대에 부응해 주저앉은 사람이 아니라는 걸 잘 안다. 커뮤니티를 만들기 위해 리더십을 가진 다른 여자들을 끊임없이 찾았는데, 그들은 이미 내가 하려는 일을 많이 하고 있었다. 그런데 놀랍게도 그들은 자신의 성취를 경시하고 뒤로 숨으려고만 했다. 그게 다른 사람들을 불편하게 만든다고 배워왔기 때문일까.

하지만 어디에서나 뛰어난 여자들은 많은 일을 하고 있다. 1억 달러짜리 회사를 세우거나, 믿을 수 없을 만큼 엄청난 수익을 내면서 자기 회사를 운영하는 여자들. 그렇게 일에 능숙한 여자들조차 자신이 좋아하는 일로 인정받고 자기 이름을 내세우며 사는 것을 두려워한다. 사업 초기에 만난 그들과 소통하면서 나는 덜 외로워졌고, 많은 여자가 힘을 합해 사회의 편견에 맞서야 한다는 결론에 도달했다.

비록 모두가 그걸 말할 용기가 없다 해도 이런 문제점을 똑같이 느끼는 집단이 있다는 걸 다른 사람들이 알기를 바란다.

더 나은 인생을 위해 뭔가를 더 원하는 건 괜찮은 일이다. 사실 나랑 더 오래 어울려 놀다 보면 내가 사람들에게 가장 가치를 두는 것 중 하나가 뭔지 발견하게 될 것이다. 목표를 좇아갈 만큼 가치가 있는 일에 대한 의욕, 진취, 열정. 그게 바로 나의 일이다. 진취는 내가 가장 사랑하는 단어이다.

또한 나는 진취적인 사람이 좋다. 인생에서 자신이 원하는 것에 당당하고, 그걸 막는다면 그 사람을 거부할 줄 아는 사람이 좋다. 더러 다른 사람들이 내는 의견의 함정에 빠질 수도 있지만, 대체로 진취적인 사람은 압박이 들어와도 너무 많이 생각하거나 논의하지 않는다. 그냥 머리를 숙인 채 자기 일을 하러 간다. 나는 그것을 바로 진취적이라고 표현한다. 그 의미는 원하는 게 뭐든 기꺼이 노력한다는 뜻이고, 누구도 내게 뭘 준다고 가정하지 않지만 묵묵히 일하면 내 것이 될 수 있다고 믿는다는 것이다.

우리가 꿈을 가질 때 사회가 뭐라고 생각하든, 가족이나 친구들이 어떻게 생각하든 별로 중요하지 않다. 우리의 꿈을 얼마나 원하고, 그걸 이루기 위해 무엇을 할 것인지가 중요할 뿐이다.

하버드대학교 역사학과의 로렐 대처 울리히Laurel Thatcher Ulrich 교수는 "바르게 행동한 여성들이 역사를 만드는 건 드물다"라고 말했다. 그리고 그녀의 말을 뒷받침할 만한 수백 년의 증거들, 또 다른 여성들이 있다.

미국의 흑인 인권운동가 소저너 트루스Sojourner Truth와 수전 B. 앤서니Susan B. Anthony, 프랑스의 물리학자이자 화학자인 마리 퀴리Marie Curie, 파키스탄의 인권운동가이자 최연소 노벨평화상 수상자인 말랄라 유사프자이Malala Yousafzai, 그리고 미국의 방송인 오프라 윈프리, 미국이 낳은 세계적인 팝가수 비욘세Beyonce 등. 여기서 거론한 여성들 중 누구도 자기가 태어난 시기나 사회가 여자는 이래야 한다고 기대하는 것을 받아들인 채 견디거나 참지 않았다. 이들 중 누구도 자신에게 주어진 재능이나 머리, 능력을 가볍게 여기지 않았다. 다른 사람이나 세상이 나를 어떻게 생각하든 상관하지 않고 타고난 재능과 노력으로 살았고, 가끔 불가능한 것에 도전하고 생명을 위협하는 억압에 맞섰다. 이들의 이름은 그 결과일 뿐이다.

우리는 진취적인 사람인가? 나는 그렇다. 우리의 꿈을 비밀스럽게 이루고 싶지만 다른 사람들이 어떻게 생각하거나 말할지 두려워서 망설이는가? 나도 예전엔 그랬었다.

다른 사람들이 제안하는 의견의 무게가 너무 큰 짐이라 버티기 힘들 수도 있다. 또한 너무 두려워서 안전 그물망 밖으로 나갈 용기가 없을 수도 있다. 하지만 그건 우리가 아니다. 우리는 갈 의향이 있고, 대담해질 의향이 있으며, 견뎌낼 의향이 있다. 우리의 완전한 잠재력 안에서 살겠다는 선택은 그 길을 가는 동안 따라오는 어떤 반발도 이겨낼 만큼 가치가 있기 때문이다.

좋은 여자는 진취적이지 않다고 말하는 사람이 많다. 그래도 괜찮다. 나는 기꺼이 나쁜 여자가 될 용기가 있다. 나에 대한 호의적인 평가보다 세상을 바꾸는 일에 더 관심이 있다.

2장

지금
행동하자

BEHAVIOR
명사: 몸을 움직여 동작을 하거나 어떤 일을 하는 모든 생물체의 반응.

우리의 행동은 우리가 매일 취하는 삶의 방식이다. 즉, 우리의 행동은 우리의 습관이다. 그것은 우리가 취하는 행동, 하는 말, 그리고 삶을 살아가는 방식으로 나타난다.

행동을 이해하기 위해 가장 중요한 것은 '선택'이라는 단어이다. 우리의 대부분 행동이 의식적인 생각 없이 이루어지기 때문에 선택이 아니라고 생각할 수도 있다. 하지만 우리 삶 속에 뿌리내린 습관이 의식적으로든 무의식적으로든 우리의 선택으로 드러난다. 우리는 무엇을 믿을지 선택해서 믿고, 그렇게 받아들이기로 선택한 것을 받아들인다. 이러한 습관은 스스로 잘 알지 못하는 상태에서 우리에게 엄청난 도움을 주거나 피해를 줄 수 있다. 이제까지 우리는 꿈을 추구하는 과정에 방해가 되는 많은 핑계를 버렸으니, 앞으로는 목표를 향해 몇 걸음씩 나아가야만 한다. 이 장은 내가 목표에 도달하는 데 도움이 됐던 행동의 목록이다. 이 글의 독자들에게도 도움이 되기 바란다.

누구의 허락도
구하지 마라

:

대부분 권위자의 목소리는 남성이다

많은 사람이 '페미니즘'이라는 단어를 편하게 생각하지 않는다. 페미니즘이라는 말은 남자와 여자가 성별로 인해 생기는 정치 · 경제 · 사회 · 문화 전 분야의 차별을 없애야 한다는 사상을 의미하지만, 페미니스트를 좋아하는 사람이 많지 않다는 것은 사실이다.

그럼에도 불구하고 나는 그렇지 않다고 당신을 설득하려는 것도 아니다. 이 장은 지금까지 나한테 들은 말 중에 가장 페미니스트적인 발언이 많아서, 만약 그게 취향이 아니라면 이 장을 건너뛸지도 모르겠다.

그러나 이 장을 건너뛰지 말았으면 한다.

120   1인 블로거에서 미디어제국 CEO까지

우리는 길에서 브래지어를 태울 필요도 없이 성인 여자이며, 여자로서의 삶에 책임도 있다. 이 장은 '남자 대 여자'에 대한 것이 아니고, 또 어떻게 우리가 그 차이를 극복해야 하는지에 관한 것도 아니다. 이 장은 태초부터 문화의 대부분을 형성해온 가부장제의 진실에 관한 것이다. 대부분의 사회에서 남자는 더 많은 힘(또는 모든 힘)과 더 많은 통제력을 갖는다.

우리가 그것을 좋다고 믿든 나쁘다고 믿든, 자연스러운 거라고 믿든 잘못된 거라고 믿든, 그런 것은 중요하지 않다. 우리는 우리 일만 잘하면 된다.

하지만 우리가 목표를 쫓아가는 데 최소한 이런 구조가 우리의 믿음에 어떻게 영향을 미칠지 생각해보는 것은 중요하다. 특히 우리가 만약 남자가 뭐든지 제일 잘 알고 남자가 최고 권위자라고 들으면서 길러졌다면, 우리는 이미 여자가 더 열등하다는 선에서 출발하게 된다. 그런 상황에서 자신에 대한 믿음이 마음속에 생기고 내 생각대로 삶의 방향을 정할 수 있겠는가?

평소 살아가는 동안 느끼는 것은 대부분 권위자의 목소리는 남성이라는 것이다. 우리가 자라고 일하기 시작하고 남자와 결혼하면서 우리 마음속에 권위자의 목소리는 늘 남성이라는 관념이 고착되었을 수도 있다. 책임지는 사람, 우리에게 무엇을 하라고 명령하는 사람, 뭐가 맞고 틀리는지 자주 지적하고 말하는 사람은 거의 남자이다.

만약 그 남자가 착하고 지혜롭고 온화해서 여자의 관심을 더 많이 끌었다면, 여자는 자기도 모르게 그 남자가 뭐든지 제일 잘 안다는 믿음에 젖어버릴 가능성이 크다. 부드러운 남자의 위력도 이렇게 강한데, 만약 여자를 남자의 하녀쯤으로 취급하거나 이기적인 남자를 만났다면 어떻겠는가? 만약 그 남자가 우리한테 상처를 주고 잔인하게 대했다면? 전혀 마음을 주지도 않은 채 남자가 강렬하게 다가왔다면? 이때도 이런 유형의 좋은(?) 남자는 여전히 여자 앞에서 책임자이고, 모든 결정을 자기가 하고, 여자의 인생에 영향을 미칠 것이다.

"그것을 보지 못하면, 그럴 수 있다는 것을 어떻게 알 수 있을까?"라는 속담이 있다. 만약 '옳음'의 사례가 항상 남자였다면, 내가 여자로 권위를 가진다고 해서 자연스럽게 인정될 거라고 생각하는가? 오로지 나를 위한 나만의 꿈을 추구할 권리와 힘이 있다는 걸 누구나 쉽게 믿을 거라고 생각하는가? 그게 당연하기 때문에 다른 사람들에게 허락이나 승인을 구해야 한다고 생각하는가?

나는 권위자의 목소리가 남자라고 배우며 자랐다. 아빠는 매우 강압적인 성격이었고, 언제나 우리에게 완전한 복종을 요구했다.

나는 늘 아빠의 승인을 필요로 하는 희망 속에 사는 걸 배웠고, 아빠의 눈에 날까 봐 두려워했다. 그리고 19세 때 지금의 남편을 만났고, 남편은 아빠와 완전히 다른 부류의 남자였지만, 돌아보니 아빠에 대한 내 감정을 남편에게 투사했다는 걸 알 수 있었다.

나는 완전히 의존적이었다. 매일 남편을 기쁘고 행복하게 해주려고 노력하며 살았고, 꼭 나 때문이 아니라도 그가 행복하지 않아 보이면 청천벽력이었다. 나는 그의 기분을 풀어주기 위해 뭔가 하거나, 그가 말할 때까지 불안 속에서 익사할 것만 같은 시간을 보내기도 했다.

약 7년 전쯤, 그가 회사에서 안 좋은 일이 있었는지 어둡고 답답한 표정으로 집에 온 날이 있었다. 나는 곧장 그의 기분 풀어주기 모드로 들어갔다. 나는 "술 한 잔 만들어줄까? 배고파? 영화 볼래? 섹스할래?"라며 계속 말을 걸었다. 그런데 그가 단호하게 나를 쳐다보면서 매우 친절하게 답했다.

"레이첼, 나는 지금 기분이 안 좋아. 그런데 괜찮아질 거야. 우선 내가 짜증 나도 당신은 괜찮아. 당신이 그걸 나아지게 노력할 필요는 없어. 내가 행복한 걸 확인하는 게 당신의 일은 아니잖아."

엄청난 깨달음의 순간이었다. 나는 그가 자기감정을 스스로 정리하게 놔두어야 한다는 사실을 깨달았다. 그동안 그의 기분을 달래주는 게 나의 일이 아니라는 생각이 한 번도 들지 않았던 것이다. 나는 아빠의 행복을 유지하기 위해 우리가 할 수 있는 모든 걸 하는 집에서 자랐고, 다른 방법이 존재한다는 것조차 몰랐기 때문이다.

결과적으로 내 삶의 목적이 다른 사람을 기쁘게 하는 것이 아닌 걸 이해하기 시작했을 때, 비로소 전에는 보지 못했던 것들을 보기 시작했다.

예를 들어, 만약 내가 온전히 나만을 위한 결정을 내리면 어떨까? 다른 사람을 기쁘게 할 만한 선택을 위해 갈등하는 걸 그만두면 어떨까? 가끔은 그냥 하고 싶은 대로 하면 어떨까? 타인의 허락을 구하는 걸 그만두면 어떨까?

그때는 내가 그러고 있는지도 몰랐지만, 결혼 후 거의 첫 10년 동안 나는 뭘 하든 데이브의 허락을 구했다. 그가 그렇게 하라고 한 것도 아니었는데 난 그게 당연한 것이라고 생각했고, 그 과정을 우리의 결혼 생활에 끌어들인 것이다.

"나, 마트에 좀 갔다 와도 돼?"

"나, 맨디랑 목요일 밤에 저녁 먹어도 돼?"

"자기야, 쿠키 마지막으로 남은 거 내가 먹어도 괜찮아?"

나는 우리가 애들을 갖기 전부터, 아니 처음부터 그렇게 살았기 때문에 "자기야, 나 이거 하고 싶은데 당신이 애들 좀 봐줘" 같은 방식이 아니었다. 나의 욕구를 앞세워 남편의 마음을 불편하게 하고 싶지 않았기 때문에, 뭔가를 원하고 그렇게 하려면 진지하게 그에게 허락을 구했다. 지금 그 시간들을 돌아보니 그래도 나는 정말 좋은 남자와 결혼했다는 생각이 든다. 그가 원했다면 충분히 더 큰 힘으로 나를 이용하거나 내게 군림하기 쉬웠을 텐데, 그는 내게 한없이 좋기만 한 남편이었다.

남들이 좋아하지 않더라도 맘대로 살 수 있다

우리는 누구의 허락을 구하지 않아도 된다. 내가 나의 모든 걸 선택하고, 나에게만 나를 허락할 권리가 있다. 누군가와 좋은 관계를 유지하면서 자신을 가진 사람이 되는 방법은 당연히 있다. 나의 우선순위와 책임과 욕구를 사랑하는 사람들에게 진실하게 전하면 된다.

나의 꿈을 스스로 어떻게 생각하는지보다 남들이 어떻게 생각하는지 신경 쓸 때, 허락을 생각하게 된다. 우리가 자기 관리에 관심을 쏟기보다 남들이 불편을 겪을지 아닐지에 더 많은 가치를 부여할 때, 허락을 생각하게 된다.

다른 사람이 이해하지 못하더라도 우리는 최고 모습을 꿈꾸고 추구하며 살 수 있다. 허락 같은 것은 필요 없다. 남들이 좋아하지 않더라도 우리는 뭔가를 더 욕망하며 살 수 있다. 역시 허락 따위는 필요 없다.

우리는 아이들을 잠시 멀리 두어도 된다. 그게 아이들을 대신 봐주어야 하는 누군가에게 불편할지라도 말이다. 남편이나 아내를 불편하게 하더라도 대신 우리는 뭔가를 할 수 있다. 그래도 괜찮은지 묻기 전에 나는 누구인지, 지금 나에게 필요한 게 뭔지를 말해도 된다. 우리는 어떤 허락이나 의견이나 검증 없이도 자기 식대로 단순하게 살 수 있다.

여자 상사라는 용어를 처음 들었을 때를 떠올려본다. 소피아 아모루

소Sophia Amoruso(여성 의류, 신발, 잡화 등을 취급하는 패션 쇼핑몰 내스티 갤Nasty Gal을 창립한 미국의 기업인)가 책을 출간했을 때 엄청나게 인기가 높아졌다.

그때 나도 자기 존중과 자수성가형 여성 기업가들처럼 그 책을 사기 위해 줄을 섰었다. 그녀의 이야기를 읽으며 동기 부여도 하고 영감을 받고 그랬는데, 솔직히 내용을 읽는 데 열중하느라 제목에는 그다지 많은 생각을 하지 않았었다.

그리고 나는 나중에 생기기 시작한 파생 용어들을 보기 시작했다. #여성보스, #초짜보스, #기업가여성 등, 나이와 배경을 뛰어넘은 모든 여성이 해시태그와 그 용어들을 받아들이고 좋아하는 것이 보였다. 결국 이것은 소셜미디어에서 몇 년 후에도 죽지 않는, 인기가 높은 하나의 유행이 되었고, 아예 언어의 일부가 되었다. 이제 이런 용어들은 각종 회의에서도 사용되며 기업가 연구 프로그램에서도 젊은 여성들이 갈망하는 타이틀이 되었다.

그런데 나는 이런 용어의 일반화에 동의하지 않는다. 여자라는 단어가 보스나 예술가나 의사나 교수나 어떻든 직업 앞에 붙는 일은 남자와 여자를 맞비교하면서 남성 우위 사회를 공고히 해주는 것이라는 생각이 들기 때문이다.

물론 회사나 어떤 팀을 소유하거나 운영하는 것은 젊은 여성들에게 큰 힘과 영감을 준다. 하지만 우리의 딸들이 용기와 투지로 그 바톤을 잡고 뭔가를 해냈는데 "여자로서 그 정도 했으면 잘했다"라는 말로 그들의 노력을 비하하는 일도 흔하다. 물론 여자들도 나와 다른 여자들을 '여자 의사' 또는 '여자 변호사' 또는 '여자 대통령 후보'라고 부르는 경우가 다반사다.

보스가 된다는 것도 마찬가지이다. 나의 경우 보스가 된 것은 내 인생에서 가장 큰 특권과 도전 중 하나였다. 보스는 용기와 끈기가 필요하며, 보스라는 자리까지 가는 데 많은 노력이 필요하다. 회사만 하나 만들었다고 해서 저절로 보스가 되는 게 아니다.

여러 분야에서 우리는 남자들이 거의 차지하고 있는 세계에 들어가기 위해 애쓰기 때문에, 종종 남자 보스들보다 더 많은 노력이 필요하다. 어떤 사람들은 그렇게 악착을 떠는 여자들을 손가락질하면서 너무 독하다거나 너무 거칠다고 할 수도 있겠지만, 그런 말도 여자라서 듣는 말이다. 남자한테는 그런 말을 안 하는데 말이다.

다시 반복하는 말이지만 우리가 자신감을 갖고 우리를 지키며 사는 데는 누구의 허락도 필요하지 않다. 또한 남들의 입맛에 더 맞추려고 우리의 목표를 바꾸거나 굽히거나 쇄신할 필요도 없다. 시간이 걸리겠지만, 우리의 삶에 반드시 남아 있을 자격이 있는 사람들이 진정한 나를 사랑할 것이기 때문이다.

스스로 원했던 삶을 사는 사람이 되자.
스스로를 자랑스럽게 생각하는 사람이 되자.

가슴에 큰 사랑을 담은 사람이 되자.

남을 위해 나를 바꾸는 사람은 되지 말자.

나를 위해 집중하고 공부하는 사람이 되자.

크게, 그리고 자주 웃는 밝은 사람이 되자.

은행 계좌에 얼마가 있든 상관없이 너그러운 사람이 되자.

일생 동안 배우는 자세로 사는 사람이 되자.

11세 때의 나와 90세의 내가 똑같이 자랑스러워할 사람이 되자.

나의 삶을 지배하는 사람이 되자.

스스로 큰일을 해낼 수 있는 사람이라고 믿자.

나의 꿈에 긴장하고 노력하는 사람이 되자.

남의 허락이 필요하지 않은 사람이 되자.

한 가지 꿈에
올인하라

:

10년, 10가지 꿈, 하나의 목표!

목표를 생각할 때 우리를 자주 짜증 나게 하는 게 있다. 바로 한 번에 하나만 집중할 수 있다는 것이다.

"나는 책을 쓰고 싶지만 싱어송라이터이기도 해요. 그리고 공인중개사 자격증을 딸까 생각 중이죠. 게다가 유기된 동물들을 도와주고, 멸종 위기에 처한 종들을 노인들의 집에 데려가 노후를 위로해주는 자선사업을 시작하고 싶어요."

이같이 여러 꿈을 꾸는 사람들이 목표에, 그것도 하나에만 집중하기는 힘들다. 그렇다면 집중하지 않아도 되는 꿈은 무엇일까?

첫 번째로, 꿈의 리스트가 구체적이지 않다면 모든 것이 서로 연관되더라도 집중할 수 없다. 만일 집중하지 않아도 효과적이었다면 이미 모든 꿈이 이루어졌을 것이다. 두 번째로, 그 꿈의 리스트는 꿈으로 가득 차 있는 것이 아니라 멋진 아이디어로 가득 차 있을 것이다. 꿈과 아이디어의 차이점을 이해해야 한다.

내가 말하는 꿈은 커다란 욕망을 뜻한다. 무엇인가를 꿈꾼다는 것은 그것을 구체적으로 상상한다는 뜻이다. 그걸 생각할 때면 심장이 빨리 뛰고, 에미넴Eminem 노래처럼 손바닥에 땀을 쥐게 한다는 뜻이다.

'꿈과 멋진 아이디어'로 다시 돌아오자. 내게 사람들이 꿈꾸는 19가지 리스트를 적어서 보여주면 내 답은 언제나 같다. 이 중에서 가장 흥분하게 하는 건 뭔가요? 앞으로 10년 동안 오직 하나만 선택할 수 있다면 뭘 선택할 건가요? 그것 중 오직 하나만 성공할 수 있다면 그때는 무얼 선택할 건가요?

우리에게 중요한 건 항상 하나만 있다는 것이다. 단 하나. 하지만 보통 우리는 위대한 꿈 하나를 멋진 아이디어들로 마구 치장한다. 모두 이룰 가능성을 적기도 하는데, 그건 그저 재미를 위한 것이라고 말할 수 있다. 그런 식으로 하면 꿈을 이루기 위한 옵션은 끝이 없다. 만약 꿈을 좇는 게 너무 힘들면 차라리 그만두고 자신에게 그건 진짜 내가 원한 게 아니었다고 말하는 게 낫다.

꿈을 하나만 선택한다면 2차 계획 같은 건 없어야 한다. 섬을 차지하고 싶다면 배를 다 불태워버리자. 그러니 진짜 꿈을 성취하고 싶다면 한 번에 오직 하나만 추구해야 한다. 나는 꿈뿐만 아니라 뭐라도 한 번에 하나에만 올인한 후 비로소 다음으로 넘어갈 수 있다고 믿는다. 집중력을 분산한다는 것은 초점과 에너지를 쪼갠다는 것이고, 그렇게 해서는 큰 진전을 이루기 힘들기 때문이다.

대다수의 여자들은 자신의 성장을 뷔페처럼 실행하려고 한다. 이것 조금 하고 저것 조금 하기를 반복하는 경우가 아주 많다. 인생에서 알아두면 좋을 것이라는 이유와 모든 영역이 중요하다는 이유로 이것저것을 다 섭렵하고 싶어 한다. 게다가 한 번에 다 하고 싶어 한다. 더러 이것이 가능한 사람도 있을 것이다. 하지만 나는 한 가지에 집중하자는 스타일이다.

아이들을 키우는 엄마가 자신의 꿈을 이룬다는 것은 아주 어려운 일이다. 아무리 커리어가 있고 아무리 철저한 계획을 세워도, 아이들을 돌보고 장을 보고 설거지하고 그 외에 수없이 많은 뒤치다꺼리를 해야 한다. 정말 남는 시간은 1분도 없다. 만약 우리가 자신을 위해 뭔가 새로운 것을 추구하려면 최대한 효과적이어야 한다. 그리고 효과적이기 위해서도 철저한 집중이 필요하다.

과거에 내가 운동 프로그램대로 다이어트를 하면서 소설까지 쓰려고 작정한 적이 있는데, 사실 그럴 때마다 내 에너지와 열정은 일주일을 지탱하지 못했다. 나는 쉽게 압도당했고, 내 생각대로 모든 걸 해낼 수 없었다.

모든 게 중요할 때에는 아무것도 중요하지 않게 된다.

나는 집중하는 법을 배우고 나서 성공하는 방법을 찾았고, 집중한다는 것은 하나만 선택하는 것이라는 사실도 확실히 알았다. 보통 사람이 처음으로 뭔가를 시작할 때에는 아무리 열정적이라고 해도 한 분야에만 집중하기 어렵다.

우리에게 목표는 항구 같은 것이다. 그런데 이 항구에 밀물이 들어오면 모든 배가 올라오게 되어 있다. 이런 현상은 우리가 뭔가 시작할 때 경험할 수 있는데, 처음에 한 가지에만 집중하기 힘든 이유이기도 하다. 누구에게나 처음에는 이것저것 할 일이 많기 때문이다. 그러나 차츰 주변을 조율하면서 성장하다 보면 집중해야 할 때를 알게 된다.

자갈 몇 개를 호수에 떨어뜨리면 호수의 물은 조용히 움직일 것이다. 그러나 호수에 바위를 던지면(한 영역에 당신의 모든 에너지를 다 쏟아 집중하면) 호수의 물은 엄청나게 움직일 것이다. 효과가 모든 방향으로 퍼지기까지 할 것이다.

명확하게 말하면 우리는 한 분야에서 성공한 경험이 있다면 삶의 여러 분야에서 성공할 수 있다. 예를 들어 내가 새로운 꿈을 추구하는 동안 건강과 운동, 식이요법을 유지할 수 있었던 것은 건강과 운동이 내 삶의 습관이 되었기 때문이다. 하지만 만약 내가 그걸 모두 동시에 정복하려고 노력했거나 새 회사를 꾸릴 때 시작했다면 난 하나도 성공하지 못했을 것이다.

"당신은 집중해야 할 것을 어떻게 결정하나요? 다음에는 무엇에 집중하는 게 맞는지 또 어떻게 선택하나요?"

이런 질문을 받을 때, 나는 '10, 10, 1'이라고 부르는 과정을 사용해 설명한다. '10, 10, 1'을 이전에 한 번도 들어본 적이 없다면, 그건 내가 처음으로 만들어냈기 때문이다. 하지만 이건 좋은 아이디어이고 누구에게나 추천하고 싶은 방법이다. 이런 방법으로 해봤더니 결과가 좋았다고 설명하면서, 나는 그 과정을 정리하고 간단한 제목도 붙인다.

10년.

10가지 꿈.

하나의 목표.

10년 안에 나는 어떤 사람이 되고 싶은가? 현실로 만들 수 있는 나의 10가지 꿈은 무엇인가? 그 10가지 꿈 가운데 내가 목표로 세우고 가장 집중할 일은 무엇인가?

바로 '10, 10, 1'이다.

조금 더 가까이 들여다보자.

10년 후 내가 최고가 되었을 때를 상상하자!

• **10년**

우선 눈을 감고 최고가 되는 나의 모습을 상상하면서 용기를 가져보자. 10년이 지난 뒤, 최고가 된 나의 이상적인 모습도 상상해보자. 그렇게 크게 꿈을 꾸자. 절대로 제한을 두지 말자. 너무 많이 생각하지 말자. 그냥 가장 멋진 미래의 나를 보자. 10년 후 최고의 나는 무엇을 하고 있을까?

미래의 그녀는 언제 보이는가? 그녀는 하루를 어떻게 보내는가? 그녀는 사랑하는 사람들에게 어떻게 얘기하는가? 그녀는 어떻게 사랑받는가? 그녀는 어떤 옷들을 입는가? 그녀는 어떤 종류의 차를 운전하는가? 그녀는 어떤 요리를 잘하는가? 그녀는 무슨 책 읽기를 좋아하는가? 그녀는 달리기를 좋아하는가?

가능하면 최대한 구체적으로 떠올리자. 미래의 그녀는 휴가를 어디로 가는가? 미래의 인생에서 그녀가 가장 좋아하는 식당은 어디일까? 그녀는 어떤 음식을 좋아하는가? 그녀는 하루를 마치며 어떤 생각을 하는가? 그녀는 낙천적인가? 그녀는 살면서 다른 사람들한테 용기를 주는가? 10년 동안 자신을 가꾸고 당당한 여자로 성장한 후의 삶은 행복한가? 그녀의 주변에는 누가 있는가? 그녀의 일주일은 어떻게 흘러

가는가? 그녀는 사람들을 어떻게 대하고 사람들은 그녀를 어떻게 대하는가?

우리의 꿈이 마구 달릴 수 있게 그냥 두자. 우리는 행복한가? 에너지가 넘치는가? 의욕이 넘치는가? 야심이 있는가? 가족들과 잘 어울리고 화목한가? 어떻게 생긴 집에 사는가? 아이들이 있는가, 가족이 있는가, 결혼을 했는가? 그녀에게 최고 중의 최고는 무엇인가?

이제 더 크게 가보자. 우리의 최고 모습보다 더 큰 모습은 무엇인가? 우리가 생각하고 바라던 최고의 상태로 살아간다는 것. 우리는 무슨 일을 하는가? 가장 높은 가치를 둔 미래는 무엇인가? 그건 가족인가, 사랑인가, 성장인가? 우리의 삶을 구체적으로 상상하자.

이제 1초라도 빨리, 우리의 판단이나 계획을 더 생각하지 말고 최대한 빨리 적어야 한다. 그 어떤 것도 잊어서는 안 된다. 그리고 우리는 미래의 모습을 뇌 속에 프로그래밍하고 저장해야 한다.

내가 최고가 되었을 때를 상상하자!

이런 상상을 억누르거나 속도를 늦출 때라고 주저하지 말자. 지금부터는 내가 될 수 있는 최대치를 생각할 때이다. 미래의 내가 할 수 있는 멋진 일들로 마음속을 가득 채우는 연습을 하자. 나는 이런 것을 상상하면서 1년에 한두 번씩 비전보드를 만들고 형상화하며 살았다.

이것이 첫 번째 단계이다. 그리고 10년 안의 내 모습이다.

10가지 꿈을 매일 노트에 적자

• 10가지 꿈

다음은 우리의 10년을 10가지 꿈으로 정리하자. 10가지 꿈이 현실이 되다면 우리의 비전이 현실로 전환되는 것이다. 종종 우리가 미래의 꿈을 생각할 때 10개 이상을 생각하기도 하지만 범위는 좁히는 게 좋다. 집중이 중요하기 때문이고, 꿈이 이루어지면 현실이 되기 때문이다.

10가지 꿈을 매일 노트에 적자. 그리고 그게 이미 일어난 것처럼 쓰자. 내 꿈을 머리와 가슴에 집중적으로 주입하기 위해 매일 반복하는 게 좋다.

내가 누구여야 하는지 스스로 상기하고 싶어서, 나는 그게 이미 일어난 일인 것처럼 썼다. 그래야 잠재의식으로 머리에 남아 내 삶 속에서 작동할 수 있기 때문이다. 즉, "나는 100만 달러를 벌 거야"라고 스스로 말하면 그 말이 잠재의식이 되면서 목표에 집중하게 된다. 만약 스스로 "나는 은행에 100만 달러가 있다"라고 말하면 어떨까? 더 구체적인 잠재의식으로 자리 잡을 것이다.

그게 우리가 가야 할 방향이고, 우리 삶이 만들어낼 결과물이다. 나의 잠재의식이 그 말을 현실로 만들기 위해 집중할 것이다. 그러면 나는 실제로 지금 은행에 100만 달러는 없지만 잠재의식으로 그 돈을 갖기 위해 노력하게 된다.

내가 적은 리스트에서 몇 개 항목은 내가 이루고 싶은 것이고, 다른 것들은 내가 매일 성취할 수 있는 것이다.

"나는 유별난 여자야."

이 말이 내 리스트에 있다. 나는 내가 누구인지, 누가 되고 싶은지 상기하기 위해 매일 이 말을 적는다. 최고의 내가 되는 미래의 모습을 상상할 때면, 나는 늘 데이브 홀리스와 깊은 사랑에 빠져 있다. 미래에도 그는 가장 친한 친구이고 우리는 서로의 손을 놓지 않는다. 우리 아이들이 건강하게 잘 자라고 사리 분별도 잘하고, 우리 가족의 삶에도 더 활기가 넘칠 것이다.

나는 리스트에 적는 단어도 신중하게 선택한다. 일단 나는 좋은 뜻의 단어를 쓰지 않는다. '위대한'이라는 평범한 단어도 별로 쓰지 않는다. 나는 '유별난'이라는 단어를 많이 쓴다. 내가 매일 특별한 아내가 된다는 문장을 쓸 때, 나는 오늘 무엇을 했는지 나에게 물어본다. 나의 생각이나 결심을 행동으로 옮기는 가장 간단한 원칙이다.

그 원칙은 남편에게 문자를 보내고, 그가 양복을 입은 모습이 얼마나 멋진지 말해주고, 또 내가 그를 얼마나 사랑하고 감사하는지 말하라고 스스로 상기시킨다. 만약 내가 어떤 사람이 되고 싶은지 상기시키는 이런 원칙이 없다면 한결같은 태도로 그렇게 살아가기가 힘들지도 모른다.

나의 일상생활의 리스트에 있는 또 하나의 항목은 꼴불견이라고 할지 몰라도 '나는 오직 1등석만 탄다'이다.

소셜미디어에서 나를 팔로우하는 사람들은 내가 출장을 얼마나 많이 다니는지 알 것이다. 아주 많이 다닌다. 출장의 90퍼센트는 강연이 목적인데 각종 대회, 이벤트, 콘퍼런스에 참여한 사람들에게 나의 독특하고 에너지 넘치는 삶의 방식을 전달하고 경험하게 하는 일이다. 그 일이 뭐가 그렇게 힘들어서 1등석을 고집하느냐고 누가 묻는다면, 남들에겐 쉬워 보이는 일이 많은 집중과 에너지를 필요로 하기 때문이라고 대답한다. 대중 연설과 강연은 내가 아주 좋아하는 일이지만, 비행기를 타고 미국 전역을 다니는 일은 감당할 수 없이 힘들고 피곤하다.

나는 항상 일이 많다. 책을 위한 글쓰기부터 다른 매체에 보낼 기사나 게시물 쓰기까지 내가 직접 해야 하는 일이 너무 많다. 그런데 만일 팔걸이를 같이 쓰는 낯선 남자 옆에 앉아서 가는 비행기 안에서라면 아무 글이나 쓸 수 없지 않겠는가. 성생활 등 지극히 사적이고 개인적인 것을 낯선 남자 옆에서 쓸 수 있을까? 난 몇 년 동안 비행기에서 글을 많이 썼고, 그러지 않으면 기한 내에 마감하기 힘들 수도 있다. 어떻든 낯선 사람 옆에서는 내 마음대로 글을 쓸 수 없다는 것이 핵심이다. 그리고 내 마음대로 글을 쓰는 것이야말로 바로 내 꿈이 시작되는 지점이다.

내가 생각하는 1등석의 좋은 점은 딱 하나이다. 좌석의 크기. 익숙하지도 않은 이상한 메인 요리에는 관심이 없다. 공짜로 원하는 대로 주는 와인에도 크게 관심이 없다. 다른 사람들보다 먼저 비행기에 오르내리는 대접과 승무원의 서비스에도 별로 관심이 없다. 내가 관심을 가지는 것은 오직 하나, 1등석에서는 양반다리를 하고 앉아 무릎 위 노트북을 편리하게 사용할 수 있다는 것이다. 일하기에 너무 편하다. 다른 사람과 좌석이 아주 멀리 떨어져 있어서 사생활 보호가 잘되는 것도 좋다. 최고이다.

내가 1등석의 매력을 알게 된 것은 몇 년 전에 남편 데이브가 그의 마일리지를 이용해서 내 좌석을 업그레이드해준 것이 계기가 되었다. 약속된 땅의 맛을 보고 나면 그것에 대한 갈망을 멈출 수가 없다. 그래서 그 말을 쓴다. 매일. 몇 달씩. 그건 나의 뇌가 그걸 진실로 받아들이고, 내가 그 꿈을 이룰 수 있도록 도와준다는 뜻이다.

'나는 오직 1등석만 탄다.'

내가 처음에 그걸 리스트에 적기 시작했을 때, 회사에는 출장 예산으로 쓸 만한 그런 돈이 없었고, 내가 원한다고 해서 되는 것도 아니었다. 하지만 약 6개월가량 끊임없이 희망 사항을 쓴 뒤, 나는 지금까지 생각하지 못했던 사실을 깨달았다.

다른 방법으로 1등석을 탈 수 있을 것 같았다. 나는 사람들에게 1등석 탑승권이 나의 출장이나 강연 조건의 일부라고 말하기 시작했고, 그때부터 1등석을 타게 되었다. 회사나 단체에서 강연을 제안하면 강연료와 함께 비행기 1등석과 호텔 제공을 덧붙인 것이다.

처음에는 클라이언트들이 혹시 언짢아하거나 건방지다고 생각해서 스스로 좋은 기회를 발로 걷어차는 게 아닐까 걱정하기도 했다. 하지만 아무도 그 조건에 기분 나빠 하거나 놀라지 않았다.

우리가 커리어를 쌓으면서 높은 수준에 도달하기까지 일했다면, 처음 시작했을 때 우리한테 없던 특권을 요청할 수 있다. 또한 상대 회사들이 그 돈을 감당하든 못 하든 누구도 화를 내거나 우리를 비난하지 않았다. 그래서 나는 이제 1등석 큰 의자에 앉아, 좋은 기분 상태에서, 생산적인 일을 할 수 있게 되었다.

물론 1등석은 여전히 나의 리스트에 적혀 있다. 일하러 가기 위해서는 1등석을 타지만, 아직은 우리 가족이 재정적으로 1등석을 누릴 만한 상황은 아니다. 그렇지만 나는 매일 우리가 어디로 향하고 있는지 생각한다.

우리는 10가지 꿈을 밝혔다면 그것을 매일 써야 한다. 그것은 우리가 어떤 사람이 되고 싶은지를 매일 생각하는 좋은 방법이다. 하지만 그곳에 도달하려면 그 리스트에 집중해야 한다. 다음 단계는 하나의 목표를 향해 집중하는 범위를 좁히는 것이다. 바로 '10, 10, 1'이다. 우리의 10년이 10가지의 꿈이 되고, 그게 하나의 목표가 된다. 우리의 꿈은 우리의 이상이다. 그리고 그것을 적극적으로 추구하기 시작할 때 비로소 삶의 목표가 된다.

하나의 목표를 일관성 있게 추구한다

· 하나의 **목표**

하나의 목표가 무엇인가? 우리가 할 수 있는 한 가지. 가장 **빠르게** 지금으로부터 10년 뒤 우리가 바라던 모습에 최대한 가까이 데려가줄 그것. 10가지 중 우리가 이번 해에 할 수 있는 그 한 가지 목표가 무엇인가? 생각해보자.

목표를 이루기 위해서 우리는 두 가지를 명확하게 해야 한다.

1. 구체적인 내용은 무엇인가?
2. 우리가 진전하고 있음을 어떻게 알 것인가?

"나는 살을 빼고 싶다"는 구체적인 목표가 아니다. 나는 5킬로그램을 빼고 싶은가, 20킬로그램을 빼고 싶은가? 이게 구체적이다.

"나는 24퍼센트의 체지방률을 원한다."

"나는 5,000달러를 저축하고 싶다."

이런 것이 우리가 세울 수 있는 구체적 목표들이다.

"나는 돈 관리를 좀 더 잘하고 싶다."

이것도 말이 안 된다. 이 말은 이미 스스로 돈 관리를 못 해서 실패한 사람으로 설정하거나, 진전이 없을지도 모를 일을 그대로 인정하는 것이기 때문이다. 마치 카페라테를 사면서 신용카드 대신 현금을 내는 게 '돈 관리를 더 잘하는 것'으로 착각하는 것과 같다. 만약 우리의 목표가 "5,000달러를 저축하고 싶다"와 같은 것이라면, 우리는 카페라테를 마시지 말아야 한다.

목표는 측정이 가능해야 한다. 우리가 진전을 보이고 있는지, 우리가 원하는 것과 가까워지고 있는지 판단할 수 있어야 한다. 많은 사람이 목표는 시간제한이 있어야 한다고 말하지만, 나는 그 말을 별로 좋아하지 않는다. 그 말은 우리의 실패를 미리 설정하는 느낌이 들기 때문이다. 만약 우리가 이달 말까지 다이어트를 해서 제대로 된 몸매를 만들겠다고 자신에게 약속했는데 이달 중순이 다 되었는데도 별로 진전이 없다면 우리는 심한 자책감을 느낄 것이다.

그래서 나는 우리가 목표를 이루는 것 자체가 일생 동안 실천하는 과정이라는 주장을 한다. 일생의 과정은 시간제한이 없다. 중요한 것은 우리가 계속 지켜야 한다는 것이다. 우리는 완벽함을 찾는 게 아니다. 일관성을 찾는 것이다.

내가 어렸을 때 부모님은 많이 싸우셨다. 아주 폭력적이고 극단적인 싸움이었다. 나는 그 무서운 싸움에서 멀리 떨어지려고 방에 숨어 있고는 했다. 오직 나만의 공간인 내 침대에서 무서운 상황이 존재하지 않는 그런 곳을 상상하면서 그곳을 탈출했다. 나는 누구도 서로에게 소리 지르지 않고 화내지 않는 그런 미래를 상상했다. 누구도 돈 때문에 싸우지 않는 미래를 상상했다.

아이였던 그때의 내가 상상할 수 있는 최고의 비전은 월마트에 걸어 들어가서 보이는 대로 다 살 수 있는 것이었다. 시계나 디자이너 신발 같은 게 아니라 유명한 회사에서 만드는 시리얼이나, 학교 갈 때 입을 새 청바지 같은 것 말이다. 그것이 내가 그 당시에 가질 수 있는 최고의 비전이었다. 아무도 돈 때문에 싸우지 않는 집, 그리고 월마트에서 아무 물건이나 다 살 수 있는 능력.

"내가 돈을 많이 벌면 나는 내가 원하는 삶을 살 거야."

아주 어린 나이에 생각했던 그게 내 목표이고 내 삶의 지렛대였다.

"다이어트를 제대로 해서 날씬해지고 싶어."

날씬해지고 싶다는 욕망 자체는 적절한 목표가 되지 않는다. 아이들과 보조를 맞춰서 뛰어다니고 싶다거나 인생의 새로운 에너지를 갖고 싶어서 살을 빼고 싶다고 해야 목표가 된다.

"부자가 되고 싶어요, 너무 좋을 거 같아서"라고 말하는 것도 뚜렷한 목표가 되지 않는다. 가난하게 사는 게 어떤 건지 알고 자신의 상황을 통제할 능력이 생기는 순간, 다시는 이런 삶을 살지 않겠다고 자신에게 약속했던 그 동기가 중요하다. 그게 그 삶의 목표이자 지렛대이기 때문이다.

미래를 마음속에 그려볼 때 우리는 어디로 가는지 알아야 하고, 우리가 왜 그러는지 이유가 있어야 한다. 시작하고 멈추고, 시작하고 멈추고, 시작하고 멈추는 사람들. 만약 우리가 전에 50번이나 결심을 깨고 목표가 무너졌다면, 그것도 역시 우리가 가진 목표의 이유가 강렬하지 않았기 때문이다.

내가 처음으로 담배에 손을 댄 건 19세 때였다. 나는 멋진 아이들이 담배를 피운다고 생각했고, 친구들에게 멋져 보이고 싶었다. 그러던 어느 날 회사의 연휴 파티에서 홍보팀의 아주 멋진 여자와 이야기를 나누게 되었다. 그녀는 힙스터(1940년대부터 미국에서 사용한 속어로, 유행 등 대중의 큰 흐름을 따르지 않고 자신만의 고유한 패션과 음악 문화를 좇는 부류를 가리킴)가 존재하기 전부터 힙스터였던 것처럼 보였다. 어쨌든 그날 밤 파티에서 그녀는 가방에서 내추럴 아메리칸 스피릿 한 갑을 꺼냈다. 아메리칸 스피릿은 기본적으로 첨가물이 없는데, 내가 그 전에 피워본 어떤 담배보다 독했다.

나는 그날 술을 많이 마셨다. 홍보팀의 힙스터 여자가 내게 담배를 권했을 때, 별생각 없이 그날 밤 내내 담배까지 피워댔다. 결국 파티를 끝내고 집에 돌아와 나는 계속 구토를 했다. 사방 모든 것에서 그 담배 냄새가 났다. 그리고 나는 내 몸에 남아 있는 게 없을 때까지 구토를 했다. 다음 날 일어나 보니 나는 양말을 제외하고 아무것도 입고 있지 않았다. 아마 옷을 다 벗어 던지고 그 양말만 신은 것 같다. 왜? 모르겠다. 요점은 그 사건 이후 지금까지도 나는 담배 냄새를 맡을 수가 없다는 것이다. 담배를 다시 만져본 적도 없다.

담배는 최악이고 너무 역겹고 몸에도 아주 안 좋다는 기억만 남아 있을 뿐이다. 담배의 추억은 그렇다. 나로서는 너무 나쁜 경험을 했고 너무 나쁜 곳에 갔었기 때문에 단번에 끊었고, 포기하는 데 아무런 문제가 없었다. 그곳에 다시는 가지 않았다. 그게 바로 지렛대이다.

우리는 지렛대를 가져야만 한다. 그 이유를 알아야만 한다. 아니면 절대 변화를 이루지 못할 것이다. 무엇에 집중해야 하는지 알아야 하고, 그게 아니면 절대 진전을 이루지 못할 것이라는 것도 알아야 한다. 우리가 언제 어떻게 목표에 도달할지 모르더라도 '왜'가 분명하면 목표를 이루기가 쉬울 것이다.

여자의 야망은
아름답다

:

많은 사람이 여자의 야망을 비난한다

야망은 나쁜 의미의 단어가 아니다. 오늘 아침 나는 신문에서 여자들이 가지는 위험한 야망과 그 함정에 대한 기사를 읽었다. 화가 치밀어 올랐고 동시에 매우 슬펐다. 화가 난 것은 모든 야망과 모든 여자를 싸잡아서 일반화했기 때문이고, 슬픈 것은 전 세계 여자들을 위한 다양한 목소리의 플랫폼과 메시지도 많은데 여전히 많은 사람이 여자의 야망은 몹쓸 것이라고 믿기 때문이었다.

여자의 야망은 위험한 것인가? 그렇다. 야망이 나를 이렇게 이끌었지만, 일 중독자로 살면서 그것이 얼마나 위험하고 건강에도 해로운지

1인 블로거에서 미디어제국 CEO까지

잘 알고 있다. 하지만 야망 전체가 그런가? 야망을 가진 것 자체가 잘못된 것이라고 여기는 것은 너무 근시안적이고, 현재 우리 삶과도 거리가 먼 생각이 아닐까?

왜 여자들은 남자한테는 결코 해당되지 않을 사실로 비난까지 받아야 하는 것일까? 남자가 자신의 커리어, 운동, 신앙, 공부 또는 다른 것에서 자신의 꿈을 추구할 때 그건 야망이 아니라 자산으로 받아들인다. 또한 우리는 사업을, 아니면 동네나 교회를, 크게는 정부를 이끌어줄 리더를 원한다. 그래서 야망이 있는 사람들은 더 배우기 위해, 더 잘하기 위해, 더 성장하기 위해 일하고 공부하고 주변 사람들까지 그렇게 할 수 있는 기회를 만들어준다. 그런데 여자는 그렇게 할 수 없는 것일까?

나의 시누이 헤더는 지난 18년 동안 교사였다. 초등학교 교사가 되기 전에는 전미 소프트볼 선수이기도 했다. 소프트볼 선수였던 그녀를 교사로 이끈 것은 더 공부하고 싶다는 욕망이었다. 그래서 대학원에 진학했고 교사가 된 것이다. 그 욕망을 야망이라고 불러도 무방하다. 이런 예는 주변에 많다.

또한 나의 친구 수전은 현재 양육 시설에 있는 아이들과 위탁 부모를 연결해주고 그에 따른 지원과 교육, 관리를 해주고 있다. 그런데 특이한 점은 이 친구가 이 시스템을 더 좋게 개선하려는 야망을 가지고 있다는 것이다.

비록 위탁 양육을 받는 아이라도 일반 가정에서 크는 것처럼 사랑을 느끼게 한다든가, 어떤 아이라도 필요하면 이렇게 좋은 시스템을 놓치지 말아야 한다든가, 미국 전역에 이런 단체를 만들어서 지원하겠다는 등의 야망을 가지고 있다. 나는 그녀가 그런 야망으로 미국을 바꾸고 세상을 바꿀 거라고 믿는다.

이런 친구도 있다. 그녀는 비만과 자기 정체성 때문에 몇 년 동안 힘들어하던 전업주부이다. 그런 스트레스가 그녀를 더 비만으로 몰고 간 것도 사실이다.

그러나 18개월 전 그녀는 처음으로 10킬로미터 단축 마라톤에 참여해서 결승점에 도달하고 나서 바뀌기 시작했다. 단축 마라톤을 정복한 이후 그녀는 하프 마라톤 코스에 등록한 것이다. 그녀는 정식으로 훈련을 받으면서 자기 목표를 달성하기 위해 여러 가지 노하우를 배우며 자신을 단련했다. 결국 그녀는 하프 마라톤을 마쳤고 올가을에는 마라톤 풀코스 완주를 목표로 내세웠다.

그녀의 야망은 큰 회사를 경영하는 CEO가 되거나 수백만 달러를 버는 게 아니다. 건강해지고 아름다운 몸매를 가꿔서 맑고 바른 정신으로 아이들의 좋은 엄마이자 좋은 아내가 되겠다는 것이다. 이런 욕망도 야망이다. 나는 기꺼이 그녀의 야망을 두 팔 벌려 응원한다.

내가 너무 야심적이고 집착에 매달리는가?

야망은 나쁜 것이 아니다. 사실 사전적 정의는 완전히 시적이다. '결단력과 노력이 요구되는 뭔가를 하거나 성취하겠다는 강한 욕망.' 사실 나의 경우에도 다른 여자들에게 용기를 줄 콘텐츠를 만들겠다는 야망과 결심이 없었다면 지금 이런 책도 나오지 않았을 것이다.

우리는 온전히 나의 것이 될 때까지만 야망을 좋은 의미로 받아들인다. 또한 우리를 신경 쓰이게 하는 건 다른 사람들의 야망이 아니다. 가장 무섭다고 느끼는 것은 우리 자신이며, 우리의 터무니없는 야망일 수도 있다.

'남들이 내 꿈을 알면 나를 어떻게 생각할까?'

사실 우리는 남들이 어떻게 생각하는지 별로 신경 쓰지 않기로 했다. 기억하는가?

'음, 내가 너무 야심적이고 집착에 매달리면 어쩌지?'

왜 우리는 일어날지 아닐지도 모르는 일에 대해 걱정하는 걸까?

'내가 꿈을 좇는 데 미쳐서 가족들과의 관계를 망치면 어떡하지?'

헛소리이다. 우리를 사랑하는 누군가를 찾아가서 이렇게 말하면, 그들이 우리를 정신 차리게 해줄 것이다. 어쩌면 우리는 미지의 가능성을 두려워하기 때문에 뭔가를 추구하는 우리 자신을 용납하지 않는 것일지도 모른다. 하지만 우리가 성취에 대한 부담으로 두려움이 크다면, 우리는 결국 아무것도 성취할 수 없을 것이다.

우리가 목표나 꿈을 좇으려면 야망에 대해 잘 알고 있어야 한다. 야망을 잘 알아야 우리의 목표를 키울 수 있고 성장할 수 있다. 야망은 아침 일찍 일어나는 새처럼 보인다. 아이들이 잠자리에 든 후 혼자 일하는 것처럼 느껴질 수도 있다. 부지런하고 조용하고 은밀하지만 어디에도 보이질 않는다. 나의 최고의 스승이자 남들은 결코 가질 수 없는 인생을 누리는 그 야망은 우리 마음속에 살고 있다.

도움을
당당하게 요청하자

:

조금의 도움이라도 요청하자!

우리가 어떤 목표에 도달하려면 필요한 것이 무엇인지 빨리 파악해야한다. 앞에서 말한 야망만으로는 우리 마음에 불을 지필 수가 없다. 마음에 불을 지폈기 때문에 내가 탭 댄스 레슨을 받기로 결정할 수 있지만, 탭 댄스에 필요한 가죽 메탈 신발을 사고 댄스를 배울 스튜디오를 결정하는 것만으로 다 되지 않기 때문이다.

우리가 레슨을 받으러 가 있는 동안 우리 아이들은 누가 봐줄 것인가? 누군가 도와줘야 다음 단계로 나아갈 수가 있다. 그러니 도움을 당당하게 요청하자.

사실 우리 대부분이 누군가한테 도움을 요청하는 게 어색하거나, 아예 그런 부탁 하기를 꺼리게 된다. 그 마음도 다 이해하고 알고 있다. 우리가 누군가에게, 특히 나 자신에게도 인정하기 싫은 것 하나가 '도움이 필요하다'니까 말이다.

다른 하나는 우리가 성공적으로 뭔가를 해낼 수 없다고 인정하는 건 우리가 지레짐작으로 스스로 약하다는 생각을 하기 때문이다. 이 생각이 얼마나 터무니없는 것인지 보자.

이 세상에서 뭔가로 자기 성취를 잘 이룬 사람이나, 어느 방향이든 그 분야의 리더라고 할 수 있는 사람은 모두 그들을 도와주고 뒷받침해주는 팀을 가지고 있다. 하다못해 집안일부터 회사의 확장, 해외 사업 진출 등에 이르기까지 모든 분야에서 도움을 받고 있다.

하지만 우리는 이제 막 시작한 회사나 일, 집구석에 쌓여 있는 빨래와 4살 터울의 두 아이나 학교에 다니는 애들까지 우리를 돕기는커녕 우리의 손길을 기다리는 것밖에 없다. 우리는 이 모든 걸 혼자 감당하고 해결해야만 하는 사람인가? 말도 안 된다. 우리가 인생에서 성공하려면 주변의 희생과 대가를 필요로 하는 게 아니고 주변의 도움이 필요하다. 이런 인식을 바꾸는 데서 우리의 목표를 향한 발걸음은 시작된다.

:

"지옥에는 다른 여자를 돕지 않는 여자가 많다"

나는 언론을 탓한다.

텔레비전이나 인터넷에는 여러 가지 완벽한 스타일에 눈부시게 예쁜 장소나 장면이 많이 등장한다. 그곳이 그림처럼 그렇게 존재하기까지 얼마나 많은 아이디어와 얼마나 많은 사람의 도움이 있었을지는 아무도 생각하지 않는다. 그래서 나는 우리한테 아름다운 장면의 뒷모습을 말해주지 않는 그 사람들을 원망한다. 우리한테 칠면조 절이는 39가지 방법과 요리법을 이야기하면서, 그렇게 요리하는 동안 누군가가 아이를 봐줘야 한다는 것을 전혀 언급하지 않는 모든 잡지가 원망스럽다. 그림 같은 집을 온통 흰 옷장으로 꾸민 유명한 연예인들도 원망스럽다. 그리고 그 장면을 제공하는 여자 주인공들이 남의 손을 빌려 깨끗하게 청소한 대저택과 잘 손질된 정원을 유지하며 화려한 무대를 연출하고 있다는 숨은 진실을 생각하면 한숨이 나온다.

우리는 대부분 그런 집의 실내 인테리어를 여주인공이 전부 다 해내는 예시를 미디어에서 보고 감탄하기도 한다. 내가 보기에 여자들은 많은 걸 스스로 시도하고 감당하지 않거나, 힘들면 인정하지 않거나, 혹은 더 나쁘게는 누군가한테 받은 모든 종류의 도움을 인정하지 않는 것 같다.

미국 국무장관이었던 매들린 올브라이트Madeleine Albright는 "지옥에는 다른 여자를 돕지 않는 여자들의 특별한 공간이 있다"라고 했다. 나의 방식으로 바꿔서 말하자면 "지옥에는 온갖 도움을 받으면서도 다른 여자를 인정하지 않는 여자들의 특별한 공간이 있다"이다.

2년 전쯤 〈투데이 쇼〉의 한 코너를 보고 있었는데, 유명한 연예인이 자신의 새 제품을 홍보하고 있었다. 이 여자는 유명한 연예인이고 얼굴이 예쁜 데다 돈도 잘 벌지만, 어린아이들을 키우는 엄마이자 한 남자의 아내이다. 내가 그 연예인을 좋아하는 것은 자신의 라이프 스타일 공간에서 자기 이름을 걸고 자기 사업을 하고 있다는 사실 때문이다. 그래서 많은 주부와 독립적으로 살고 싶어 하는 여자들에게 성공의 아이콘이 된 주인공이다.

하지만 사람들은 어떻게 '혼자' 수백만 달러 규모의 사업을 하면서 육아도 잘하고 좋은 아내가 될 수 있는지, 아니 해낼 수 있는지 그녀를 궁금해 했다. 반면 그녀는 이야기가 나올 때마다 이런 식으로 말했다.

"아, 저는 체계적으로 빠르게 일하는 스타일이에요."

이 말을 듣는 순간 내 턱이 바닥으로 떨어졌다. 곧이어 그녀는 어떤 여자라도 자기가 하는 방법처럼 노력하고 열심히 하면 누구든지 해낼 수 있다고 경쾌하게 설명하기 시작했다.

거-짓-말-!

나는 그녀의 인터뷰에 매우 실망했고 울고 싶기까지 했다. 이 여자는 나보다 10배는 큰 거대한 플랫폼이 있고, 그날 아침에도 숱한 여성이 그녀를 우러러보며 뭐라도 하나 배울까 하는 마음으로 그녀의 지침과 영감을 기대했을 텐데 싶어서였다. 그렇게 심한 거짓말은 상상할 수도 없다. 그녀는 좋은 것을 보여주는 것 말고는 다 피했다. 우리 모두에게 유명한 연예인으로 그런 수준의 사업체를 가지고 어린아이들을 키우며 인생을 살려면 무엇을 해야 하는지는 단 한 마디도 하지 않았다.

물론 0%의 가능성이 있다. 그녀가 누구의 도움도 받지 않았을 가능성 말이다. 많은 연예인과 함께 수년간 일해본 나의 경험으로 진단해보면, 그녀는 도우미가 당연히 있고 최소한 한두 명의 유모가 있을 것이다. 당연히 개인 비서도 있을 것이고, 연예인이기 때문에 우리에게는 낯설기만 한 매니저도 있을 것이다.

내가 질투하는 거라고 여기면 안 된다. 나는 그녀 같은 여자가 진실을 말해주지 않음으로 해서 자신만 더 신화와 같은 존재가 되는 것에 강한 불만을 가지고 있다.

하루 종일 사진 촬영을 한 그녀가(그녀의 인스타그램 피드에서 보았다) 완벽하게 준비된 저녁상을 인스타그램에 또 올렸을 때 그걸 보는 기분이 어떤가? 우리는 하루 종일 집에 있었는데도 가족을 위한 간단한 저녁 차리기가 너무 힘들고 어렵다. 저 여자는 저렇게 화려하게 사는데 나는 왜 이럴까 하는 자괴감에 빠지고 기분이 상하지 않을까?

그녀의 저녁상은 그 집의 도우미나 요리사가 준비한 것인데도 우리는 그런 것을 짐작조차 하지 않는다. 결국 그것은 나도 "다 해낼 수 있고 다 가질 수 있다, 오로지 더 열심히 하기만 하면"이라는 말도 아닌 신화에 스스로 예속시키는 결과만 초래할 뿐이다.

⋮

성공한 누구라도 진정한 자수성가는 없다

자기만의 회사든 뭐든 일하는 여자들은 대부분 가정이나 회사에서 주변의 도움을 많이 받고 있다. 그 도움은 배우자한테 받았을 가능성이 가장 많고, 아니면 엄마나 언니, 동생한테 받았을 확률도 높다. 또한 아기를 봐주는 사람들이나, 집의 화장실과 변기를 정기적으로 닦아주는 청소부로부터 받는 것일 수 있다. 즉, 도움을 받는 방법은 수없이 많고, 어쩔 수 없이 받아야만 하는 게 우리의 삶이다. 우리는 흔히 자수성가와 같은 용어에 특별한 의미를 부여하고, 그것이 우리가 꾸는 꿈과 어떻게 맞을지 고민한다. 아무도 혼자 모든 것을 하는 사람은 없는데 말이다.

나도 '자수성가'라는 말을 좋아한다. 특히 나의 성공을 지칭하는 데 사용될 때 말이다. 왜냐하면 여기까지 오는 데 얼마나 많은 노력이 들어갔는지 그 깊이는 나만 알기 때문이다. 해가 뜨기 전에 일어난 것은 나, 여기저기 정신없이 출장을 다닌 사람도 나였다. 손익계산서를 앞에 두고 울었고, 급여 지급을 앞둔 날이면 스트레스를 받은 사람은 나였다.

세상의 모든 게 나, 나, 나였다. 몇 년 동안 나는 가정과 회사의 일을 내가 스스로 다 한다는 생각에 사로잡혔다. 그건 나를 열정에 불타오르게 했고, 회사를 운영하면서 너무 외로울 때마다 내가 계속 나아가도록 도와주기도 했다. 하지만 지난 몇 년 동안 나는 새롭게 깨달은 게 또 있다. 나는 자수성가했고, 또한 아니라는 사실이다.

어느 누구도 진정한 자수성가를 할 수 없다는 것을 이해하게 된 건 최근의 일이다. 정말 나 혼자서 큰 것들을 완전히 만들어내기란 불가능하다는 것을 깨달았기 때문이다. 지난 10년 동안 내가 회사를 만들고 이만큼 키우는 데는 너무도 많은 사람의 도움이 있었다.

언제나 나를 힘껏 도와준 회사 팀원들, 내 일을 이해하고 응원을 보내준 친구들, 여전히 나를 사랑하고 지지해주는 거대한 팬덤 집단, 내가 여분의 시간을 투자하는 동안 우리 식구를 편하게 보살펴준 친정의 가족들, 보모들, 유모들의 도움 덕분에 오늘의 내가 가능했다. 초창기 몇 해 동안은 남편 데이브가 재정적으로, 또 감정적으로 내가 잘 해내는 것을 격려하고 축하하고 실패의 손실을 메워준 최고의 치어리더였다. 여기에 도달하기까지는 정말 힘든 일이었고, 아직도 여전히 힘들다. 저절로 나는 손을 들어 도움을 요청할 수밖에 없었고, 나의 손길을 뿌리치지 않고 진정으로 도와준 사람들이 고마울 뿐이다.

"여보, 나 일 좀 끝내게 이번 주말에 애들 좀 봐줄 수 있어?"

"인스타그램 여러분, 제가 쓴 《파티 걸》이라는 책을 다른 사람들에게 알리기 위해 당신의 소셜미디어 피드에 공유해줄 수 있을까요?"

"매니저님, 팀원을 배정해주거나 마감일을 늦춰주지 않으면 이번 프로젝트는 못 해요. 저도 사람이라고요."

내가 하프 마라톤을 훈련받고 싶었을 때 나는 데이브 직장의 한 팀원에게 나를 지도해줄 수 있는지 물어보았다. 내가 그에 대해 아는 거라곤 그가 마라톤 주자였다는 것뿐이다. 그런데 그는 결국 장거리 달리기에 대해 내가 알고 싶어 하는 모든 것을 가르쳐주었다.

내가 처음 글을 써서 책을 펴내고 싶었을 때 엄마는 거의 주말마다 와서 아이들을 돌봐주셨다. 그래서 아이들을 걱정할 필요 없이 글을 쓰는 데 집중할 수가 있었다.

내가 만든 회사가 너무 커지고 바쁘게 돌아가기 시작할 때, 나는 이걸 더 이상 혼자 제대로 할 수 없다고 생각해서 자존심을 억누르고 남편에게 도움을 요청했다. 내가 고졸 출신의 회사 창립자이자 최고 경영자라는 것에 얼마나 자부심이 넘쳤는지 아는가? 나는 주변에 뻐기고 싶을 정도로 자신감에 충만해서 살았다. 그러나 이 회사를 계속 운영하기가 힘들다고 도움을 청하게 되다니. 그때 내 심정이 어땠을까?

내가 필요하면 누구에게나 도움을 요청하자

그러나 중요한 건 내가 지난 10년 동안 일하면서 녹초가 되는 일이 다 반사였다는 사실이다. 한 번에 너무 많은 것들을 하려다가 일찍 지쳐 버려 꿈을 포기할 수밖에 없는 상황이 자주 발생했다. 그래서 도움을 요청해야 한다고 생각했다.

사람들은 항상 내게 어떻게 "다 해내는지" 묻는데 언제나 나의 대답은 하나이다.

"제가 다 하지 않아요. 제가 혼자 다 할 수가 없어요."

우리는 큰애가 3개월 되었을 때부터 유모를 줄곧 두고 살았다. 이사나 그 뒤에 태어난 애들 때문에 지금까지 우리는 세 명의 유모가 있었다(한 번에 다는 아니었지만). 이 여인들은 마사, 조조, 그리고 지금은 앤지인데 우리 아이들을 정말 사랑으로 보살펴주었다. 데이브가 회사에서 열심히 일하고, 나도 내 일을 시간에 구애받지 않고 할 수 있도록 도와주었다.

유모들은 아침에 일찍 와서 밤늦게까지 우리 집에서 식구처럼 머물렀다. 그래서 우리가 주중의 밤에 데이트도 할 수 있었다. 그녀들은 가끔 우리가 여행을 갈 수 있도록 하룻밤을 머물기도 했다. 우리는 아이들을 그렇게 잘 돌봐줄 수 있는 가족이 주변에 없었기 때문에 그녀들이 우리의 대리 가족이나 마찬가지였다. 그녀들의 따뜻한 도움이 없었다면 우리는 그 많은 것들을 어떻게 감당했을지 상상조차 안 간다.

3년 전부터 우리는 도우미도 고용했다. 전담 도우미 고용은 몇 년 동안 이야기하고 계획했던 일인데, 우리 인생에서 가장 사치스러운 일이었기 때문에 고민도 많이 했다. 아이들이 커가고 살림 규모가 커지면서 우리는 주말과 밤마다 빨래와 요리를 하고 바닥을 닦으며 시간을 보낼 수가 없었다. 또한 마트에 장을 보러 가거나, 집과 자동차를 관리하고, 반려견 슈나우저를 돌봐줄 누군가의 도움이 절실했다.

한편 나는 회사에 비서가 있고, 나만을 위해서 많은 것을 지원하고 애쓰는 팀이 따로 있다. 내가 화려한 레드 카펫을 밟아야 하는 이벤트나 텔레비전 쇼에 나갈 때 돋보이는 옷을 고르고 정해주는 스타일리스트도 있다. 당연히 머리와 화장을 해주는 사람이 따로 있고, 상황에 따라 사람을 집으로 불러 여러 가지 치장을 하기도 한다.

혹시 내가 받는 이런 도움들이 지나치다고 생각하는 독자가 있을 수도 있다. 그러나 지난 5년 동안 우리가 세계로 퍼뜨릴 수 있었던 콘텐츠의 레벨을 따져보면 과하지 않다고 이해할 것으로 믿는다. 만약 내가 이런 도움을 받을 수 없었다면, 나는 지금 하는 일의 10분의 1도 하지 못했을 것이다. 어떤 일을 하더라도 나를 도와준 사람들까지 함께 발전하는 길이었기 때문에 더 감사하고 더 분발하게도 된다.

특별한 위치나 특별한 포지션이 있어야만 누군가의 도움을 받는 것은 아니다. 그리고 내가 꼭 전하고 싶은 말은 혼자서 걸어가는 길은 힘들고 포기하기 쉽다는 것이다. 도움을 받으면서 마음도 나누고 함께 걸어야 목표를 향해 가는 길이 조금은 수월하다.

나는 음식을 먹다가 갑자기 질식사하는 많은 사람이 옆에 자기를 살릴 수 있는 사람들이 있음에도 도움을 거절한다는 소리를 들은 적이 있다. 충격적인 사실이다. 같은 테이블에 앉아 식사하다가 어떤 이유든 숨이 갑자기 막히기 시작하면 당사자들은 우선 힘들어하는 자기 모습에 창피함을 느끼고 테이블에서 일어난다는 것이다. 그래서 일행이 괜찮은지 혹은 도움이 필요한지 물어도 괜찮다면서 거절한 후, 결국 일행과 떨어진 다른 장소로 가서 혼자 애쓰다가 숨을 거둔다는 것이다.

누구한테 내가 어렵다고 말하거나 도움을 청하는 것이 내가 약하다는 뜻이 아니다. 우리는 모두 그저 똑같이 힘없고 나약한 인간일 뿐이다. 강한 척, 잘난 척을 그만하자. 자신을 그만 속이자. 침묵 속의 고통을 그만 멈추자. 우리 스스로를 순교자로 만들며 괴로워하는 짓도 그만두자. 모든 걸 혼자 하면서 힘들어 죽겠다고 씁쓸해하는 것도 그만두자. 모두 내 탓이고 내 잘못이라고 속죄하면서 시간을 낭비하지 말자.

우리의 꿈이나 목표를 위해, 누군가 알아서 나를 도와주지 않는다고 원망하는 짓도 하지 말자. 누구도 자율적으로 알아서 나를 도와주지는 않는다. 내가 필요하면 필요하다고 도움을 요청하자.

BEHAVIOR 5

성공을 위한
토대 다지기

건물에 기초공사가 가장 중요하듯이, 성공을 위해서도 기초공사는 필수이고 가장 중요하다. 그렇다면 무엇이 성공을 위한 토대가 되는가? 어떤 상황에서도 굳건하게 나를 지킬 수 있는 멘털이다.

내가 기다란 유리 꽃병이고, 누군가가 나에게 물을 주고 있다고 상상해보자. 그 물은 내가 살아남기 위해 필요한 모든 것이다. 그래서 나라는 유리 꽃병은 삶, 에너지, 영양분, 사랑, 그리고 행복 등 좋은 것들로 가득 차 있다.

하지만 많은 여자는 남편과 아이들, 가족들을 걱정하는 만큼 자신을 배려하지 않기 때문에 주변을 위해 더 노력하고 기대는 식이다. 우리는 꽃병을 앞, 뒤, 옆으로 기울여서 우리가 가지고 있는 좋은 것들을 주변에 쏟아붓는다. 아이들에게 주고, 남편에게 주고, 직장 동료들에게 주고, 부모들에게 주고, 친구들에게도 준다. 우리는 계속해서 자신을 내준다. 여기에 조금, 저기에 조금, 그리고 마침내 유리 꽃병은 쓰러지고 수천 개의 조각으로 부서져버린다. 우리가 스스로 다른 이들을 위해 너무 많은 노력을 쏟느라 자신을 파괴한 것이다.

그런데 반전을 생각해보자. 만약 내가 유리 꽃병이고 그냥 당당하게 서서 그 모습 그대로 기초를 튼튼하게 하고 서 있는다면, 나에게 쏟아지는 모든 좋은 것들을 받기만 하면 꽃병 안의 물은 결국 어떻게 될까? 자연스럽게 넘쳐흘러 나의 주변 모두에게 쏟아질 것이다. 그리고 나는 여전히 당당하게 그 자리에 서 있다. 계속 채우고 넘치기 때문이다.

만약 내가 불편하다면, 내 마음이 아프고 피곤하다면, 불안하다면, 우울하다면, 그리고 어떤 식으로든 고통받고 있다면, 그것은 우리의 기초공사가 강력하지 않다는 뜻이다. 성공하려면 우선 내가 강해야 한다.

심신의 건강을 챙기자

육체적으로나 정신적으로나 기분이 좋은 것만큼 성공을 보장하는 데 중요한 요소는 없다. 우리는 바람이 빠진 바퀴로도 힘들게 운전할 수는 있다. 하지만 차의 성능이 좋고 연료 탱크가 가득 차 있다면 날아갈 수도 있다. 지난 20년 동안 나는 육체적으로나 정신적으로 누구보다 건강하려고 열심히 노력했고, 여기까지 오는 길이 꽃길만도 아니었다.

분명한 사실은 건강해야 꿈도 이룰 수 있고 잘 살 수 있다는 것이다. 건강이 나의 인생을 바꾸었고, 나의 큰 꿈을 가능하게 만들어주었다. 건강이 좋아지는 5가지 요소를 한번 보자.

1 수분을 공급하자

매일 자기 몸의 수분을 유지하기 위해서는 1.5리터의 물을 마셔야 한다. 이 시점에서 나는 항상 같은 질문을 받는다.

"하루 종일 소변을 너무 자주 보는 것 아닐까요?"

그렇다, 그게 요점이다. 소변으로 몸에서 모든 나쁜 것들을 내보내게 된다. 수분 공급은 많은 이유에서 중요하지만, 체중 감량에 어려움을 겪고 있는 사람들에게 특히 중요하다. 탈수가 되면 배가 고프다는 느낌을 많이 받는다. 그런데 그것은 배가 고픈 게 아니라 목이 마른 것이다. 다만 뇌는 그 차이점을 모르기 때문에 배를 채우라는 신호를 보내는 것이다. 물 한 병을 다 마셔보고, 그 뒤에도 여전히 밥이 많이 먹히는지 시도해보자.

아무리 "난 이 목표를 원해. 난 이 계획을 원해. 난 더 나은 삶을 원해. 난 승진하고 싶어. 난 이걸 하고 싶어"라고 외쳐도 내게 에너지가 없고 건강하지 못하면 아무것도 되는 일이 없다. 쉽게 말해서 그냥 꽝이다.

수분 섭취는 성공을 위한 기본 요소 중 하나이므로 누군가 새로운 계획을 시작한다면 나는 항상 이 작은 단계에서 시작하길 권한다. 그냥 물을 마시는 습관을 들이기만 해도 목표를 향해 나아갈 준비가 됐다는 걸 느낄 것이다.

2 일찍 일어나자

다른 사람보다 한 시간 일찍 일어나 그 시간을 나를 위해 쓰면 좋다. 아침을 늦게 시작한 사람 중에 성공한 사람은 별로 없다. 특히 아이보다 늦게 일어나는 엄마가 되면 곤란하다. 더러 아기가 일찍 일어나서 엄마를 깨운다는 이야기를 하는 경우도 있는데, 그것은 엄마로서의 직무 유기나 마찬가지이다. 그런 엄마는 수동적으로 하루를 시작하는 것이다.

또한 나를 위한 시간이 전혀 없다고 불평하는 엄마라면 더욱더 아침을 한 시간 일찍 시작해야 한다. 식구들이 일어나기 전, 그 한 시간이 바로 인생의 열쇠이다. 그게 전부이다.

자신을 위한 시간이 없다고 말하는 사람을 나는 많이 보았다. 나를 위한 그 시간은 다른 사람보다 일찍 일어나는 그 시간이다. 만약 운동을 하고 싶다면, 책을 읽고 싶다면, 기도를 하고 싶다면, 첫 소설을 쓰고 싶다면, 목표를 이루기 위한 시간을 갖고 싶다면, 꼭 한 시간은 일찍 일어나길 권한다.

내가 한 시간 일찍 일어나라는 이야기를 할 때마다 항상 여러 엄마에게서 "저는 6주 된 아기가 있어서 밤에 2시간밖에 못 자기 때문에 한 시간 일찍 일어나는 게 힘들어요"와 같은 말을 듣는다. 그때의 내 대답은 9개월 아래의 아기가 있다면 아기가 좀 더 클 때까지 기다렸다가 시도하라는 것이다. 자신에게도 너그러워야 할 때는 너그러워야 한다. 나를 새로운 세계로 밀어붙이고자 노력하는 건 좋지만 현재 삶이 큰 변화를 겪는 중이라면, 특히 내 힘으로 조정할 수 있는 게 아니라면 융통성 있게 대처하자.

하루 중에 나를 위한 조금의 시간을 갖는 것은 비난받을 일도 아니다. 또한 인생에서 한 시간의 여유도 스스로 찾지 못한다면 그 인생은 없는 것이나 마찬가지라고 나는 생각한다. 많은 사람은 "남의 일은 모르잖아요. 내 스케줄을 아느냐고요"라고도 한다. 그렇다. 나는 남의 스케줄과 남의 사정을 잘 모른다. 하지만 하루 24시간 중에서 자신을 위해 한 시간도 찾을 수 없는 사람이라면 그는 자신의 우선순위를 다시 점검할 필요가 있다. 그리고 나의 시간에 무엇을 하고 있는지 스스로에게 물어볼 필요가 있다.

3 한 가지 음식을 30일 동안 포기하자

우리가 물을 많이 마실 수 있고 한 시간 일찍 일어날 수 있다면, 이제

영양에 초점을 맞춰야 한다. 골고루 마음껏 잘 먹으라는 게 아니고 음식을 포기하길 권한다. 안 좋은 음식 한 종류를 30일 동안 먹지 말아보자.

무엇인가를 한 달 동안 안 하거나 포기하면 그게 습관이 된다는 말을 들어본 적이 있는가? 우리가 한 달 동안 끊을 음식은 주로 정크푸드이다. 즉, 패스트푸드와 가공식품 등을 최우선으로 끊어보자. 음식을 모두 끊는 것도 아니고 새로운 다이어트에 몰입하는 것도 아니다. 내가 좋아했지만 이겨내고 견딜 수 있는 음식 한 종류를 선택한 후 한 달 동안 끊는 일은 우리에게 정말 좋은 답을 줄 것이다.

만약 뭔가를 포기할 수 있다면, 꾀를 부리지 않고 정말 진심으로 포기할 수 있다면, 그건 습관이 된다. 만약 자신에게 한 약속을 지키지 못한다면, 그건 되돌릴 수 없다. 실패해도 간단하게 "다시 일어나, 다시 일어나, 다시 일어나"라고 말할 수는 있지만, 스스로 한 약속을 지키지 못하면 30일의 시작에서 다시 시작해야 할 것이다.

우선 우리의 도전은 자신에게 한 약속을 한 달 동안 지킬 수 있느냐는 것이다. 무엇이라도 좋다. 만약 당신이 "아, 다이어트 콜라를 먹을 수 없으니 이제 레모네이드를 먹어야겠어"라고 생각해도 괜찮다. 레모네이드 또한 설탕이 가득하지만 무슨 상관인가. 최소한 화학물질로 가득한 음료는 아니지 않은가! 이건 우리가 무슨 음식을 포기하느냐는 이야기라기보다 우리가 스스로 한 말을 지킬 수 있는지 자신에게 증명하는 것이다. 그리고 사실 패스트푸드점의 소스 없이도 살 수 있다고 나의 몸을 증명하는 것이다.

4 몸을 매일 움직이자!

자, 우리는 물을 마시고, 한 시간 일찍 일어나고, 30일 동안 한 가지 음식을 포기할 거고, 이제 몸을 매일 움직이는 일만 남았다. 아니, 크로스핏을 하거나, 수영 강습을 받거나, 한 시간 동안 소리 지르는 사람들이 있는 극기 훈련을 하라는 게 아니다. 특히 그것이 내가 늘 하는 일이 아니라면 말이다. 우리는 하루에 30분 이상 몸을 움직여야 한다. 그리고 만약 하루에 30분 이상 몸을 움직일 시간이나 에너지 또는 의지가 없다면 문제가 있다.

누워 있거나, 텔레비전을 보거나, 핸드폰을 보는 것과 같이 우리의 활동을 방해하는 게 수백 가지가 넘는다. 만약 휴식 시간의 전부를 그렇게 보낸다면 스스로 에너지를 고갈시키고 있는 것과 같다. 44사이즈나 깡마른 몸매일 필요는 없어도 우리는 살아 있는 동물이라 에너지가 필수 아니겠는가. 자연에는 과체중 동물이 없다고 한다. 과체중을 가진 동물은 인간과 애완동물밖에 없다. 우리는 강하고 아름답고 당당한 여자라는 사실을 잊지 말자. 더구나 살찐 애완동물일 수는 없지 않은가.

각 분야에서 세계 최고의 사람들을 대상으로 운동을 얼마나 하는지 조사한 데이터를 보면, 이런 사람의 97%가 일주일에 최소 5일은 운동

한다고 응답했다. 특별히 그 사람들한테만 운동 유전자가 있는 것은 아닐 텐데 말이다. 아마도 그들은 운동 에너지가 삶의 에너지를 부른다는 것을 알고 있기 때문일 것이다. 목표를 성취하고 싶은가? 매일 30분 이상 몸을 움직여 나의 비전을 달성할 수 있는 몸을 준비하고 있는지 확인해보자.

5 매일 감사하면서 살자

매일 우리가 감사한 이유 10가지를 적으면서 하루를 생각해보자. 핸드폰에 적어도 되고, 일기장에 적어도 되고, 편한 대로 리스트를 기록해보자. 배우자에게 감사하거나, 숨을 쉬며 잘 살 능력에 감사하다는 등의 상투적인 것 말고, 그날 하루 동안 일어난 일에 한정해서 적어보자.

예를 들어 오늘 커피가 얼마나 맛있었는지, 아니면 차가 엄청 막히는 상황에서 끼어들기를 하는데 누군가가 양보해주었다든지, 막내가 한 말이 웃기지 않았지만 크게 웃을 수 있었다든지 등등. 이처럼 사소하지만 잠깐씩 행복했던 순간들을 감사하게 생각해보자. 이것을 쓰면서 오늘 하루 중에 진정 감사한 일이 있다면 우리는 축복받은 것이다. 이렇게 감사하는 마음속에 목표를 이루는 마법의 힘이 있다.

감사하는 마음으로 삶을 살게 되면 그 마음이 모든 것을 바꾼다. 축복받고 감사하고 기쁨이 커지면 꿈이 이루어질 가능성도 커진다. 우리는 좋은 일이 많다고 믿고, 그게 우리에게 일어날지도 모른다고 믿는다.

만약 우리가 지금까지 말한 다섯 가지를 모두 하지 못하겠다면, 아니 별로 하고 싶은 마음이 생기지 않는다면, 마지막의 '감사하며 살기'라 도 시도해보고 한 달만 꾸준하게 해보면 어떨까? 내가 한 달을 제안하 는 것은, 30일 동안 정기적으로 뭔가를 한다면 자신이 변한다는 것을 느낄 수 있기 때문이다. 감사하는 마음을 꾸준히 한 달 동안 되풀이하 면서 물을 추가하고 운동도 추가해보자. 성공을 위해 나를 새로 설정 한다고 생각해보자. 내가 나를 조절하고 관리할 수 있을 때 나의 비전 을 성취할 에너지도 기하급수적으로 커진다.

⋮
주변을 말끔하게 정리하자

혼란스럽고 어수선한 집에서 자라면서 나는 자주 불안을 느꼈다. 정서 적으로 안정되지 못했던 것이다. 내가 내 마음대로 할 수 있는 곳은 침 대뿐이었던 시절, 나는 매일 침대를 꾸몄다. 크고 나서 처음으로 아파 트를 가졌을 때도 항상 집 안을 깔끔하게 했다. 내가 마음대로 통제할 수 있는 것들이었다.

집은 우리가 뭐든지 마음대로 할 수 있는 공간이다. 우리 인생에서 이보다 더 쉽게 통제할 수 있는 내 것은 별로 없다. 우리가 모두 열광하 는 오프라 윈프리도 "집은 나를 반겨야 합니다"라고 말했다. 지금 만약 집이 어지럽거나, 지저분하거나, 정리 정돈이 잘되어 있지 않다면 정신 차려야 한다. 나를 쉬게 하고 우리 가족의 보금자리일 수도 있는 공간이 정리 정돈은커녕 매우 지저분하고 어수선한데 남의 인스타그램이나 보면서 다른 사람의 삶이 아름답다고 '좋아요'를 누른다면 이런 태도야말로 정신줄을 놓고 사는 것이나 마찬가지이다. 집은 지금 나에게 무슨 일이 일어나고 있는지를 그대로 반영한다. 그러니 내 삶이 통제가 안 되고 겉도는 느낌이 들면 집과 주변 환경부터 깨끗하게 청소하고 정리해보자.

꼭 내가 통제하는 공간이 내 집이라야 하는 것은 아니다. 뭐 하나 어쩔 수 없는 코딱지만 한 방이 전부라고 하더라도 내 공간을 내가 꾸미고 사는 것은 중요하다. 침대나, 자동차나, 회사의 책상이나 지금 내삶과 관련된 것들을 정돈하고 공간을 깔끔하게 유지하자. 겉으로 보이는 것에 내가 들어 있기 때문이다. 내가 사는 공간의 정리가 많은 돈이 드는 일도 아니니 항상 깨끗하게 청소하자.

개인적인 공간을 가꾸면서 명심해야 할 또 다른 것은, 정리되어 있고 깨끗해야 할 뿐만 아니라 그곳에 우리의 미래, 우리의 비전이 가득해야 한다는 것이다.

나를 예시로 들어 이야기하자면, 나는 옷장을 열면 나의 큰 비전을 반영하는 사진들이 패널에 핀으로 고정되어 꽂혀 있다. 결국 옷장을 열 때마다 자동으로 내가 무엇을 향해 가고 있는지 매일 상기하게 된다. 또한 나는 주로 이미지와 글을 이용해서 리마인드를 많이 한다. 내 자동차와 사무실, 심지어 화장실 거울은 늘 내게 영감을 주는 글과 인용문으로 가득하다.

제대로 성공하려면 우리는 견고한 기초를 다지고 또 목표를 제대로 설정해야 한다. 내가 사는 공간은 나에게 새로운 삶의 모티브를 주는 플랫폼이 될 수도 있지만, 파도 아래에서 계속 나를 끌어내리는 닻이 될 수도 있다는 사실을 명심하자.

⋮

좋은 커뮤니티를 만들자

우리에게 가장 잘 어울리는 다섯 명의 조합을 생각해보자. 우리는 누구를 가장 자주 만나는가? 누구의 말을 자주 듣는가? 정기적으로 우리는 어떤 관점과 인식을 마음으로 받아들이는가? 정기적으로 만나는 사람이 있는가? 내가 가장 많이 어울리는 다섯 명 중에서 나보다 더 나은 사람이 있는가? 내가 선망하는 사람이 있는가? 내가 선망하는 상대한테 남다른 매력이나 뛰어난 특징이 있는가? 우리가 어울리는 다섯 명 중에서 다른 영역의 능력자가 있는가?

만일 내가 이 그룹에서 가장 똑똑한 사람이라면, 내가 친구들 그룹에서 가장 성장에 집중한다면, 내가 제일 잘하고 있다는 생각이 든다면 나는 잘못된 곳에 있는 것이다. 내가 성장하고 발전하고 싶은 영역에서는 나보다 더 나은 사람들한테 둘러싸여 있어야 한다. 나의 좋은 점이 친구들을 자극하고 친구들의 좋은 점이 나를 더 자극하는 상황이라야 발전할 수 있다.

하지만 만약 주변의 내 친구들이 모두 나한테 목표의 동기를 찾거나 내가 롤모델이라면 나는 성장할 동기나 기운을 빼앗기는 것이나 다름없다. 더구나 그 친구들을 나의 수준으로 끌어올리는 것보다 친구들이 나를 자기들 수준으로 끌어내릴 가능성이 훨씬 높아지는 것이다.

물론 나보다 뛰어나지 못하다는 이유로 친구들 모두를 내치라는 소리가 아니다. 다만 적어도 목표를 가지고 뭔가를 하려고 마음먹었다면, 그 영역에서 돋보이는 사람들과 교류하고 자신을 확인해야 한다는 제안이다.

나는 엄마로서, 아내로서, 사업가로서, 그리고 친구로서 내가 배우고 싶은 사람들이나 여러 분야의 뛰어난 사람들과 어울리고 싶다는 욕구가 많다. 또한 나를 자극하고 좋은 조언을 해줄 친구를 많이 갖고 싶기도 하다.

몇 년 전 여름에 우리 부부는 하와이로 휴가를 갔다. 그때는 결혼 생활의 위기라고 생각할 만큼 힘든 시기였다. 휴가를 갈 때도 난 이미 데이브에게 답답함을 가지고 있었고, 휴가를 함께 보낸 시간들은 오히려 그걸 더 극명하게 확인해주었다.

나는 휴가의 대부분이 데이브 때문에 망쳐진다고 생각했고, 그에게 너무 짜증이 났다. 그런데 휴가 중간에 친한 친구 몇몇이 우리를 보러 오게 되어서 내가 공항으로 마중을 나가게 되었다. 친구들을 만나면 내 마음에 쌓인 하소연을 하고 싶었다.

'좋아, 내 친구들을 만나면 데이브라는 이 인간이 어떤 남자인지 다 말해버릴 거야. 그럼 친구들이 '데이브 자식 망하라 그래!'라고 대신 말해줄 거야.'

게다가 내 친구들이기 때문에 내 머릿속에 있는 '남편들은 다 최악이야!'와 같은 비난이 더 잘 통할 거라고 예상했다.

공항에서 친구들을 만난 후 호텔로 돌아오면서 나의 답답함을 토로하기 시작했다. 하지만 친구들은 내 이야기를 다 들어준 후 우리 모두가 힘든 시간이 있다고, 그래도 살면서 상황이 가장 어려워지면 우리는 배우자를 제일 먼저 찾지 않겠느냐고 말했다. 나의 분노를 부채질하지 않고 결혼 생활은 다 고비가 있다는 이야기로 내 마음을 풀어준 친구들 덕분에 내 어리석음을 깨달았다.

만약 내 기분에 동조하고 남편을 욕하는 친구들이었다면 모든 상황을 악화시켰을 것이다. 그래서 좋은 친구들이 내게 힘이 되는 것이다. 주변 친구들은 나를 끌어올리는가, 끌어내리는가? 우리는 서로에게 현명한 친구인지 생각해보자.

좋은 습관을 기르자

내 안에 배어 있던 나쁜 습관을 바꾸고 좋은 습관을 가져야 한다. 그래야 발전하는 인생을 살 수 있다. 많은 사람은 한 가지나 혹은 단 한 번의 기회가 성공을 단숨에 보장한다고 생각한다. 천만에. 성공은 50가지를 계속 반복해도 올까 말까이다.

습관은 일관성과도 비슷하다. 일관성이란 한동안 반복해도 아무 일도 일어나지 않는 것처럼 느껴지는데 습관이 그렇다. 습관은 아무 일도 일어나지 않고, 아무런 변화도 없고, 그러다 어느 날 갑자기 '어머, 이게 어디서 온 거지?' 하게 되는 것이다. 우리가 원하는 곳으로 가도록 도와줄 좋은 습관을 갖고 있는가? 좋은 삶을 산다는 건 좋은 습관을 가지고 있다는 것이다. 습관은 다음 세 가지로 요약할 수 있다.

1. 신호
2. 행동
3. 보상

신호는 어떤 일이 일어난다는 뜻이다. 우리를 위한 방아쇠이다. 즉, 행동을 취해야 할 때라고 뇌에 전해주는 것이다. 그리고 행동을 취할 때(완전히 무의식적으로) 우리는 보상을 받게 된다. 신호, 행동, 보상이 연속적으로 일어나는 연결 고리와 같다.

예를 들어, 나는 한때 몇 년을 내 감정대로 먹고 살았다. 감정대로 먹을 때는 모든 감정이 엉켜서 계속 무엇인가를 먹으라고 신호를 보낸다. 슬퍼도 기뻐도 행복해도 불안해도 화가 나도 먹는다. 먹어야만 기분이 나아지고 안정되는 것을 느끼기 때문에 밤 11시에도 불안하면 주방으로 가서 폭식을 하곤 했다.

나의 신호는 시시때때로 달라지는 감정이었고, 내 행동은 먹는 것이었고, 내 보상은 기분이 나아지는 것이었다. 잠시 모든 음식을 먹음으로써 희열을 느끼고, 그것이 나를 도취하게 하고 행복하게 만들었다. 가장 끔찍한 습관의 문제는 보상에서 최고치가 떨어지기 시작하면 그게 다시 더 강한 신호를 촉발한다는 것이다. 나는 리츠 크래커 한 박스를 다 먹고 크림치즈 반 통을 그 자리에서 먹어치우는 게 행복이었다. 그런 후 20분 정도 지나면 다른 생각을 하기는 했다.

"한심해, 나라는 인간은…. 다이어트에는 완전히 실패했어. 그래도 잘하고 있었는데 아주 다 말아먹는구나. 구제불능이네."

이렇게 부정적인 자기 대화를 하다가 또다시 핑계를 생각하면서 체념했다.

"어쩔 수 없잖아, 이미 이렇게 됐는걸. 그냥 디저트나 먹자."

디저트를 먹고 다시 기분이 좋아지거나 잠들거나 우울하거나 속상하거나가 반복되었다. 날이 갈수록 심각해지는 내 모습이 싫어지기 시작했다.

많은 생각을 하고 또 했다. 진짜 나의 문제가 무엇인지 알아야 했다. 모두 다 내 잘못이라고 수없이 자책했던 날들, 모두에게 미안했던 날들……. 그런데 '왜'가 없었다. 그냥 '미안해, 미안해' 그러면서 울기만 했다.

나는 스트레스에 취약했던 것이다. 스트레스가 신호를 주면 그걸 더 크게 느끼고 무의식적으로 폭식을 선택한 내 행동이 문제였다. 인생을 살면서 무섭고, 슬프고, 아프고, 불안함을 느끼는 날들이 누구한테나 있다. 나는 그걸 그렇게 못 견뎌 하고 힘들어했다. 어떻게 해야 할까? 이대로 무너지는 것일까? 그런 비참한 생각도 많이 했다. 그러다 내가 바꿀 수 있는 것은 아무것도 없다는 생각이 들었다. 다만 그래도 이 상황에서 내가 바꿀 수 있는 건 그 신호에 반응하는 나의 행동, 바로 폭식이라는 결론이었다.

이제 나는 불안을 느낄 때 장거리 달리기를 하러 나간다. 무조건 나가서 운동을 한다. 참고로 나도 "스트레스 받을 때는 가서 운동을 해 봐"라고 조언하는 사람들의 그 말을 싫어했다. 나는 속으로 "웃기고 있네. 참, 나 원. 사람이 다 똑같은 줄 알아?!"라고 비아냥거리곤 했다.

사실 우리가 변하고 달라지는 과정은 생각하기에 따라 매우 간단하다. 체중을 줄이고 몸매를 만드는 건 생각만으로 간단하다. 돈을 모으는 것도 아주 간단하다. 생각만으로는 안 쓰고 저금하면 되기 때문이다. 이렇게 매우 간단하지만, 쉽지 않다는 것이 함정이다. 이 모든 일은 결과가 빠르게 나오지 않는다. 즉, 곧바로 되돌아오거나 받을 수 있는 보상이 아니다. 또한 보통 우리는 보상이 늦게 오는 것을 더 어렵게 생각하고 습관 바꾸기를 주저한다.

사실 잘못된 선택은 좋은 선택보다 훨씬 더 접근하기 쉽기 때문에 변화하기가 어렵다. 내가 그 습관의 주인공이기에 나한테는 한없이 자연스러울 수도 있다. 몸매를 가꾸고 싶을 수도 있고, 맛있는 것을 많이 먹고 싶을 수 있고, 배우자와 더 알콩달콩 깨 볶듯이 살고 싶을 수 있고, 더 좋은 엄마가 되고 싶을 수 있고, 불안이나 우울증을 걷어내고 싶을 수 있고, 지금보다 더 안락하고 행복하게 살고 싶을 수 있다. 어쩌면 우리 모두는 이 모든 걸 갈망하면서 사는지도 모른다. 하지만 우리는 이미 습관적으로 1년, 10년, 평생을 화내고, 사람들을 밀어내고, 폭식하고, 폭음하고, 아이들을 귀찮아하고, 후회하고, 원망하면서 그저 살아냈다. 때로는 아무렇지도 않은 척 살았고, 때로는 일 중독자로 살았다.

하지만 이제는 나를 바꿔야 할 시간임을 알아야 한다. 누가 어떻게 하라고 해서 하는 변화가 아니고, 나 스스로 삶의 빈칸을 채우듯이 나를 재정립해야 한다.

힘들 수 있겠지만 내가 하지 않으면 누구도 절대로 할 수 없는 일이다. 그럼에도 불구하고 해야만 한다. 내가 지금 숨 쉬고 있다면, 사랑이 있다면, 그것은 다시 시작할 수 있다는 뜻이기 때문이다.

:

아침 일과를 만들자

성공을 위해 우리 자신을 재정립하는 일은 매우 중요하다. 그리고 앞에서도 이야기했지만 아침이 너무도 중요하다는 것을 잊어서는 안 된다. 나도 애들이 있기 전까지는 아침이 왜 중요한지 자체를 이해하지 못했다. 애들이 있기 전의 아침은 온전히 나의 것이었으니까. 언제 일어나고 싶은지, 언제 뭘 하고 싶은지 다 내가 결정했고, 무엇이든지 내 마음대로 해도 괜찮았다. 한 번도 눈을 떴을 때 누가 나와 시간을 공유한다고 생각한 적은 없었다.

그러다 결혼하고 애들이 생겼고, 갑자기 남편과 아이들이 나의 아침 시간을 지휘하기 시작했는데 생각보다 더 혼란스럽고 힘들었다. 즉, 아침 시간이 중요한지 아닌지 따위는 관심도 없었다.

내가 만약 모든 것을 잘 정리하고 육아를 수월하게 잘하는 엄마였다면 괜찮았을 일들이 내게는 힘들고 힘들었다. 도무지 끝나지 않을 것만 같은 현실이 나를 짓눌렀고, 하루하루 살아남아 당장 내 발등에 떨어진 불을 끄고 살기에도 벅차기만 했던 것이다. 아이들을 학교에 데려다주고 회사를 가면 산뜻한 아침이 아니라 지겹고 답답하고 힘겨운 하루의 시작이었다. 그런 시작이 내게 준 도움은 당연히 없었다.

이대로는 안 되겠다는 생각이 들어서 아이들이 일어나기 한 시간 전에 일어나는 연습을 시작했다. 아침 시간을 벌기 위해서 시작한 일인데, 의외로 나는 시간을 앞당겨 아침을 시작하는 게 아주 좋다는 것을 알게 되었다. 한 시간씩 일찍 일어나서 내가 보내고 싶은 하루를 중심으로 아침 일과를 계획하고 하루를 시작하니 부산스러움이 사라지고 좋은 점이 많았다. 하루를 온전히 보내기 시작하면 일주일이 온전히 나의 것이 된다.

1. 나는 새벽 5시에 일어난다. 그리고 바로 커피포트를 켠다. 커피가 끓는 동안 물을 마시고 진행 중인 프로젝트를 보기 시작한다. 아침 일찍 보면 잠이 덜 깬 상태이긴 하지만 과정의 번복 없이 일의 진도가 잘 나가기 때문이다.

2. 아침 일과를 마친 뒤, 나는 감사함에 대해 15분 동안 명상을 한다. 꼭 명상이 아니라도 감사의 기도라고 생각하면 된다. 내가 받은 여러 가지 축복에 감사하고 또 깨달으면서 더 좋은 하루를 계획하는 과정이다.

3. 저녁에 일기를 쓰는 사람도 있지만 나는 아침에 일기를 쓴다. 하루 동안 할 일들과 계획들, 어제 감사한 몇 가지, 내가 되고 싶은 사람을 리마인드하고 기록하는 습관이다.

4. 성취한 것들을 정리했고, 커피도 마셨고, 최고의 내가 되기 위해 준비한 후 복도 건너에 있는 골칫덩이들을 깨울 시간이다. 하루 중 지금부터 한 시간은 온전히 아이들의 시간이다. 우리는 아침을 먹고, 학교에 갈 준비를 하고, 점심 도시락을 싸고, 모두 집 밖으로 나간다.

5. 아이들이 학교에 간 뒤, 나는 서둘러 출근 준비를 하고 항상, 항상, 항상, 신나는 음악을 듣는다. 신나는 음악은 끊임없이 나를 끌어올리고 앞으로 나아가게 한다. 나는 목욕탕에 아마존 에코(아마존닷컴이 개발한 스마트 스피커. "알렉사"라는 이름에 반응하는 음성 통제 가상 비서 서비스가 탑재되어 있는 장치)가 있어서 언제나 말로 명령할 수 있다. 샤워하며 "알렉사, 테일러 스위프트의 〈Shake it Off〉 틀어줘" 하면 음악이 나오고 2초 뒤에 나는 춤을 춘다.

6. 출근할 준비가 끝나면 주방으로 가 녹색 스무디를 만든다. 맛있다고 할 수는 없지만 내 몸에 좋은 것이 많이 들어 있고, 몇 시간 동

안 배부르게 하며, 나의 하루를 건강하게 시작하도록 도와주는 스무디를 마시면서 마음을 다잡는다.

7. 아침 일과의 마지막은 나의 10가지 꿈과, 나를 그곳으로 가장 빨리 데려갈 한 가지 목표를 적는 일이다. '10, 10, 1'을 기억하는가? 할 일의 리스트를 정리하는 데 초점을 맞추고, 내가 되고 싶은 사람을 상기하게 하는 것들로 가득 찬 공책을 가지고 있으면 좋다.

1인 블로거에서 미디어제국 CEO까지

착하게 굴거나
쿨하게 떠나자

:

누군가가 불편하다고 내 꿈을 포기하는가?

동기와 영감을 얻어 목표를 향해 나아갈 준비가 되었던 경험을 해본 적이 있는가? 아마도 거의 대부분 그런 경험이 있을 것이다. 누구는 체중 감량에 큰 공을 들이고, 누구는 학교로 돌아가기 위해 다시 공부를 시작했을 수 있고, 또 누구는 요리를 배우기 시작했을 수 있고, 각자 뭔가를 하고 있었을 것이다. 그런데 하필 그때 누군가가 나를 방해한다.

나는 기껏 다이어트를 잘하고 있는데 가족 모임에서 갑자기 상처를 받게 된다.

"그래도 특별한 날인데! 그래도 생일인데, 그래도 크리스마슨데, 그래도 우리 항상 이렇게 좋은 날은 술을 마시는데, 너는 지금 안 먹겠다고?"

이런 시간 앞에서 먹기를 거의 강요하는 가족들이 나쁜 마음이 아닌 것을 알면서도, 스스로 상처를 받게 되고 내 마음 깊숙한 곳에서는 다이어트를 포기하라고 종용한다.

또는 내가 첫 레이스를 위해 열심히 훈련 중이거나, 석사 학위를 받기 위해 학교로 돌아가려고 할 때, 처음에는 주변에서 응원한다. 좋은 일이다, 멋지다 등등 듣기 좋은 말로 응원한다. 그러다가 내가 많은 시간을 그 속에 퍼부으면 그때부터 불만이 터져 나온다. 나를 이기적인 인간으로 몰아가며 이상한 사람으로 취급하는 것이다.

"저기, 목요일에 당신 없을 때 나 혼자 애 보는 거 너무 힘들어."

"우리는 항상 같이 놀았는데, 이제 네가 날 만나기 싫어하는 것처럼 느껴져!"

이런 말을 들으면 우리는 자신의 선택에 죄책감을 느끼고 하루하루 날이 지날수록 더 힘들어져서 다른 사람들을 행복하게 해주는 게 뭐든 그냥 굴복해버리기 쉽다. 누군가가 불편하다는데 내 목표를 어떻게 달성하겠는가? 이런 핑계를 대면서 때려치우는 것이다.

불편한 건 관계의 일부분이다. 난 데이브가 헬스장에 갈 수 있도록 토요일에는 2시간 동안 네 명의 아이를 혼자서 볼 것이다. 대신 일요일엔 내가 장거리 달리기를 하러 갈 수 있도록 그가 혼자서 애들을 다 볼 것이다. 그 많은 골칫덩이를 혼자 키우는 게 그렇게 불편한가? 물론이다. 하지만 우리는 진심으로 서로에게 최선을 다하고, 그건 우리가 서로 잘 발전하기 위해서 힘든 일들도 기꺼이 할 의향이 있다는 뜻이다. 우리가 살면서 불편한 것은 인생의 한 부분이다. 그리고 내가 상대방을 위해 뭔가를 해줄 수 있다면 나도 상대방에게 내 뜻을 요구할 수 있어야 한다. 한 사람만의 일방적인 희생은 안 된다.

이유가 무엇이든 우리의 인생에서 다른 사람들은 나와 같은 곳에 있지 않다. 우리 모두가 각자의 길이 있고, 남들을 내게 끌고 와서 같이 나의 길을 가자는 것이 나의 일은 아니다. 나의 일은 내 인생에서 내가 주체가 되어 나만의 꿈을 위해 싸우는 것이다. 그래서 우리에게는 '소망wishbone'보다 '노력backbone'이 더 필요하다.

다른 사람이 우리가 추구하는 것을 포기하게 하려는 건 거의 굳어진 습관 중 하나이다. 더불어 더 어려운 점은 다른 사람들이 어떻게 생각하는지 우리는 늘 신경 쓴다는 사실이다. 그것이 우리의 생존에 필요한 본능이기도 하다. 하지만 앞에서 얘기했듯이, 다른 사람들의 의견은 나와 아무 상관이 없다. 중요한 것은 그들이 어떻게 반응할지, 뭐라고 말할지, 응원할지 말지에 상관없이 그 사람들을 우리는 통제할 수 없다는 것이다. 우리는 오직 그들의 반응에 어떻게 또 반응할 것인지와, 그들이 원하는 대로 할지 말지를 결정할 수 있을 뿐이다. 모두를 멀어지게 하거나, 남들과 세력 다툼을 하며 싸우거나, 인간관계의 여러 상황 가운데 자신에게 최적의 것을 선택할 수 있을 뿐이다.

나에게 부정적이거나, 심하게 무례하거나, 나를 뭔가로 불안하게 하거나, 내 안의 가장 최악의 모습을 끌어내려는 사람들과는 어울릴 필요가 없다. 심지어 그게 가족일지라도 말이다. 나는 어른이 된 후에 교류하지 않는 친척이 많다. 어릴 때는 선택권이 없었지만 성인이 되고 나서는 내 집이나 내 아이들에게 무례하거나, 문제를 일으키거나, 공격적으로 다른 사람을 괴롭히는 부류들을 허락하지 않고 끊어냈다. 그런 행동 방식이 싫은데 참으면서까지 웃음을 선사할 여유가 없다. 착하게 굴거나 쿨하게 떠나자. 그게 나의 모토이다.

우리가 의도하고 노력하지 않으면 우리는 원하는 사람이 될 확률이 거의 없다. 희망은 단순한 계획이 아니다. 그러니 다음에 우리를 지지하지 않는 사람과 교류할 가능성이 높은 상황에 놓인다면 어떻게 할지 미리 생각해두자.

피하라는 소리가 아니다. 그들의 말이나 반응에 자신의 마음을 단단히 다지고 답변을 준비하자. 내가 무엇을 위해 이걸 하는지, 왜 이것이 내게 그렇게 중요한지 스스로를 상기시키자. 정신적인 것 외에 육체적으로 자신을 준비하자. 제대로 된 정신 상태를 위해 신나는 음악을 듣고, 멋진 마무리를 생각하자.

몇 년 전, 나는 일부 채식주의자가 되었고, 가족 모임에 갔을 때 내가 먹을 수 있는 게 없었던 기억이 있다. 사람들은 대부분 텅 빈 내 접시를 보았고, 잠시 후에 "LA 갔다 이거네~" 등과 같은 비아냥과 비웃음으로 나를 조롱했다. 결국 나는 그런 말에 휩쓸려서 굴복하고 말았다. 먹고 싶지도 않은 걸 먹으며, 답답하고 짜증 난 채로 파티를 떠나야 했다.

그때의 쓸쓸한 기분 이후로 나는 가족 모임마다 많은 샐러드와 채소 요리를 만들어 간다. 이렇게 하면 내 식단에 있는 것을 먹을 수 있고, 내 접시는 내가 먹을 것으로 가득 차고, 아무도 그게 뭔지 묻지 않는다. 또한 내가 만든 환상적인 샐러드는 모두의 부러움까지 받는다.

지금까지 많은 고백을 했어도 정말 일을 하고 살면서 쉬운 일은 단 하나도 없었다. 모든 일이 쉬우면 좋겠다는 것은 희망 사항일 뿐, 어느 하나도 쉽지 않았다.

결혼 생활에서도, 가족들과의 관계에서도, 사회적인 관계도 쉽지 않았다. 심지어 아직도 나는 새로운 프로젝트를 시작하거나 특히 바쁜 시기가 될 때마다 최대한 데이브를 힘들게 하지 않기 위해 미리 계획을 세운다. 도우미들을 미리 예약하고, 차선책을 알아보고, 주변 사람들이 최대한 불편하지 않도록 거의 미치광이처럼 스케줄을 잡는다. 하지만 그럼에도 불구하고 궁극적으로 나의 목표를 달성한다는 건 타인이나 가족의 사랑이 담긴 희생이 필요하다.

그것은 내가 학교에 있는 동안 남편이 밤에 아이들을 재워야 한다는 뜻이다. 그것은 내가 건강 관리에 애쓰기 때문에 화요일에 더 이상 친구들과 타코를 먹을 수 없다는 뜻이다. 그것은 내가 하나에 모든 걸 쏟기 때문에 다른 사람들이 기대하는 것에 할애할 시간이나 에너지가 상대적으로 적어진다는 뜻이다.

1인 블로거에서 미디어제국 CEO까지

죄책감 느끼지 않고
거절하기

:

나는 학교에서 자원봉사를 하지 않는다

나는 우리 아이들의 학교에서 자원봉사를 하지 않는다. 시간이 없어서
가 아니다. 스케줄이 꽉 차 있긴 하지만 조정할 수는 있다. 다른 부모들
과 같이 가족농장 견학을 신청하라는 요구를 받기 때문에, 할 기회가
없는 것도 아니다. 그런데도 내가 아이들 학교에서 자원봉사를 하지
않는 이유는? 그게 싫다. 솔직하게 말하면 그건 악몽과도 같다.

　이전의 나는 유치원 이사회 회의에 2년 동안 충실하게 참석했다. 겨
울 축제에는 스낵바에서 일했고, 우리 지역 초등학교의 연례 기금 모
금을 계획하고 열심히 일했다. 왜냐고? 아무도 할 사람이 없었고, 팀원

이 필요하다면 당연히 내가 그중 한 명이 될 수 있었기 때문이다. 나는 학교의 도우미로 누구보다 열심히 자원봉사도 했다. 매주 목요일은 아예 아이들 학교의 자원봉사를 하는 날처럼 살기도 했다. 주중에 우리 아이들과 놀 수 있다는 사실을 아주 좋아하기도 했다.

그런데 현장학습의 과정대로 아이들을 데리고 다니면서 말을 안 듣고 돌봐야만 하는 아이들 때문에 회의가 왔다. 결국 나는 현장학습의 모든 과정 하나하나를 다 싫어하게 되었다.

학교에서 자원봉사하는 건 나랑 안 맞고, 도우미가 부족한 게 아닌 이상 하지 않을 작정이다. 이런 발언으로 학교의 다른 엄마들은 내게 온갖 비난을 퍼부을지도 모른다. 나를 나쁜 엄마라고 말할 수도 있다. 하지만 나는 나쁜 엄마가 되어도 상관이 없고, 있는 그대로 받아들일 각오가 되어 있다.

회사에서 일해야 할 시간을 쪼개서 나의 우선순위도 아닌 일로 시간을 보내고 마음까지 상하는 게 합당한 일인가? 나의 우선순위는 매우 간단하다.

1. 나의 성장과 신앙
2. 남편에게 특별한 여자로 결혼 생활을 잘하기 위한 약속
3. 아이들에게 좋은 엄마가 되기 위한 약속
4. 나의 팬들에게 그들의 인생을 바꿀 수 있는 동기를 주기 위한 미션

유별난 엄마라고 자부하면서 아이들의 학교에서 아이들을 위한 자원봉사를 안 하겠다니 모순이라고 지적받을 수도 있겠다. 그런데 나는 좋은 엄마가 되기 위해서라든가 남한테 그렇게 보이기 위해서 자원봉사를 해야 한다고 생각하지 않는다. 나와 생각이 다르다고 해서 틀린 것은 결코 아니다. 다만 나에게 봉사 활동은 내가 추구하는 부모의 성공에 포함되지 않기 때문이다.

스포츠 행사에서 같이 응원하고, 학교 뮤지컬 내내 앉아 감상하고, 정기적으로 가족 식사와 가족 휴가를 가지며, 아이들이 나와 시간을 보낼 수 있게 출장에 애들을 데려가고, 잠자리에 들기 전에 동화책을 읽어주고, 밤에는 이불을 덮어주고. 이런 것들은 엄마로서의 나에게 신성불가침한 것들이다. 아이들을 키우면서 내가 너무 좋아하는 순간들이기도 하다. 이것들은 무슨 일이 있어도 내가 하겠다고 약속하지만, 나와 맞지 않는 일 때문에 스트레스를 받고 시간을 내서 봉사하기는 싫다.

내가 쓴 글의 어느 곳에도 "학교의 다른 엄마들이 나를 인정하게 하자" 혹은 "다른 사람들의 기대나 우선순위에 맞추기 위한 인생을 살자"와 같은 항목이 없다는 걸 기억해주었으면 한다. 나는 에너지도 부족하지만 내 삶에서 위의 4가지 영역에만 집중하기로 결정했고, 내가 부분을 맡도록 초대되는 활동이 위의 4가지에 도움이 되지 않는다면 어느 것도 하지 않기로 했다. 기억하자. 지치고 과도한 생활은 금물이다.

만약 모든 게 중요하다면 아무것도 중요하지 않다는 것을, 만약 모든 것에 주의를 기울여야 한다면 결국 어디에도 절대 집중할 수가 없다는 사실을 말이다.

⁝
거절하는 법을 배우고 효과적으로 거절하자

나는 싫다고 말하는 법을 배웠다.

나는 죄책감이나 수치심 없이 2초 안에 안 된다고 말하는 법을 배웠다. 거절하는 법을 배운 적이 있는가? 그런 것도 배워야 하는가? 물론 배워야 하고 연습해서 거절할 줄 알아야 한다.

사업을 체계적으로 유지하려면 한 번만 답하라는 말을 듣게 된다. 이 말은 요청을 받자마자 최대한 빨리 긍정이든 부정이든 답을 하라는 뜻이다. '아마도'는 없다. '아마도'는 '하고 싶지 않은데'라는 암호이다. 누군가가 뭔가 물어본다면 진심과 함께 최대한 빨리 답을 주자.

나는 정말 많은 요청을 받는다. 나의 편지함에는 정기적으로 들어오는 멘토링, 조언, 비영리 지원, 제품 홍보를 묻는 이메일이 엄청나게 쌓인다. 그리고 몇 년 동안 나는 모든 커피 데이트와 의견을 묻는 메일과 모든 자선 모임에 예스를 했었다. 그때의 나는 거절하는 법을 몰랐고, 다른 사람들에게 일일이 답장하고 존재감을 드러내야 한다는 책임감 같은 것을 가지고 있었다.

그런데 문득 깨달았다. 내가 누군가에게 한 시간을 줄 때마다 나의 아이들과의 한 시간이 멀어졌다는 사실을 말이다. 또한 내 결혼 생활에 바쳐야 할 에너지가 줄어든다는 것도 확실하게 느꼈다. 누군가에게 하는 나의 모든 예스가 나와 내 우선순위 리스트와 정확하게 반비례한다는 사실을 깨달았다. 그래서 나는 아주 솔직해지기 시작했고, 최대한 정중한 방법으로 거절하기 시작했다.

내가 진심으로 안 된다는데 누가 그것 때문에 나에게 말다툼을 걸거나 화를 내겠는가. 아무도 그러지 않는다. 모든 예스는 나의 것에 대한 노가 포함되어 있다. 그러니 우리는 할 수 있는 것에 솔직해지고, 다른 사람들을 공손하고 예의 바르게 대하자.

또한 자신의 선택에 대한 확고한 믿음을 가지자. 어떤 기회를 나중에 다시 마주하고 싶지 않다면, 또 다른 기회가 있다는 가능성은 닫아야 한다. 다른 사람들에게 확고하고 나 자신에게도 확고할 필요가 있다. 언제나 내 입장을 고수하는 게 중요하며, 거절하는 법을 배우고 효과적으로 거절하자.

3장

기술을
배우자

SKILL
명사: 무엇인가를 만들어내거나 또는 성취하는 방법

재능이 아닌 기술은 무엇인가? 이것은 독특하고 선천적인 능력이 아니라 특별히 배우는 능력이다. 새로운 기술을 개발하거나 특정 영역에서 성장하는 것은 집중력과 시간과 노력으로 달성되는 것이다. 그러니 별로 가진 게 없는 우리에게는 좋은 소식이다. 우리가 현재 이것들을 무기고에 가지고 있지 않더라도 우리는 여전히 무기를 만들 수 있다는 것이다. 변명의 여지가 없다. 기억하는가? 우리는 이미 핑계를 1장에서 버렸다.

계획 세우기

∶

목표에 도달하기 위한 로드맵이 필요하다

남편과 내가 처음으로 암스테르담에 갔을 때 길을 잃은 적이 있다. 유럽을 가본 적이 없는 젊은 부부의 뻔한 실수와도 같다. 며칠 안에 너무 많은 도시를 계획했으며, 세계적으로 알려진 모든 관광지에 가려고 했던 무리수가 첫 번째 원인이었을 것이다. 우리는 소매치기들이 가방이나 소지품을 훔칠지도 모른다면서 옷 안에 벨크로 주머니를 달아서 돈과 여권을 넣어서 다녔다.

런던에서 라이언에어Ryanair(아일랜드의 저비용 항공사)를 타고 암스테르담까지 갔는데, 착륙하는 순간부터 조짐이 심상찮았다. 안개가 너무 짙어서 비행기가 경로를 바꿔 독일 프랑크푸르트로 가게 된 것이었다. 프랑크푸르트에서 다시 버스를 타고 가다 기차를 갈아타고 그런 과정을 거쳐 암스테르담을 가게 되었는데, 도착했을 때 또 멘붕에 빠졌다. 호텔 이름과 주소는 있지만 어디로 어떻게 가야 할지 막막했기 때문이다. 거기에다 그곳 사람들은 영어를 못 했고, 남편과 나는 네덜란드어를 몰랐다.

결국 우리는 택시를 타고 택시 기사에게 그 주소를 보여주었다.

"암스테르담."

운전기사가 우리에게 말했다.

"네! 네, 맞아요. 암스테르담, 거기까지 태워다 주실래요?"

우리는 너무 지친 상태에서 택시 기사의 말에 맞장구쳤다. 그 시점에는 이미 무거운 여행 가방을 끌고 한 시간 가까이 사람들한테 물은 다음이었다.

"암스테르담."

그가 다시 말했고 차를 몰기 시작했다.

"기사님, 이 호텔로 어떻게 가는지 아세요?"

나는 종이에 적힌 주소를 강조하며 손으로 가리켰다. 그는 종이를 보고 다시 우리를 보더니 또 종이를 봤다.

"네. 암스테르담이에요."

"어느 방향이에요? 거기 어떻게 가요?"

"호텔이 암스테르담이에요."

그가 우리에게 말했다.

"여기가 어딘데요?"

그는 고개를 저었다.

"암스테르담이 아니에요."

우리는 암스테르담에 있는 게 아니고 암스테르담에서 2시간 정도 떨어진 곳에 있었다. 2시간이면 충분한 비행은 갑자기 온종일의 비행기, 기차, 자동차로 채워졌다. 그런데도 아무것도 할 수 없을 만큼 늦은 시간까지 우리는 호텔에 도착하지도 못했다.

목표를 달성하기 위한 첫 번째 단계는 우리가 어디로 향하는지 아는 것이다. 그런데 문제는 사람들이 종종 그게 자신이 알아야 할 전부라고 생각한다는 것이다. 즉, 퍼즐의 중요한 부분을 잊어버린다. 지도는 도착지와 출발지를 모두 알고 있을 경우에만 작동한다. 다르게 말하면, 우리가 어디에 있는지 모른다면 가고 싶은 곳으로 갈 수 없다는 뜻이다.

우리에게는 로드맵이 필요하다. 출발점이 필요하고 결승점도 필요하다. 길을 따라갈 수 있는 이정표와 거리의 표지판이 필요하며, 목적지에 무사히 도착할 수 있는 나름의 계획이 필요하다. 아무리 우리의 소망을 이야기하고 커피를 마시고 해봐야 우리가 진정 가고 싶은 곳으로 가기 위한 계획이 탄탄하지 않다면 아무 소용이 없다. 가고 싶은 곳

1인 블로거에서 미디어제국 CEO까지

이 확실해야 길을 잃지 않는다. 대부분 출발 후 올바른 방향으로 가고 있는지 확인하지 않기 때문에 길을 잃는 것이다.

지도가 없이 가벼운 여행을 마음 내키는 대로 하는 것도 물론 멋진 일이다. 그러나 정말 가고 싶은 곳이 있고 목적이 있다면 우리는 지도가 있어야 한다. 그래야 더 빠르고 효율적으로 목적지에 도착할 수 있다. 또한 지도를 통해 나타날 수 있는 현상들을 예측할 수도 있다. 이동하는 중에는 실제로 전략을 세우기가 힘들기 때문이다.

지난 15년 동안 모든 주요 일 프로젝트와 개인적인 목표에서 나는 로드맵 전략을 잘 활용했다. 그게 내가 이벤트 업계에서 주요 고객들을 사로잡은 비법이기도 하다. 그게 내가 보조 작가나 기획자 없이 직접 원고를 쓰고 그 기회를 활용해 경력을 쌓은 방법이며, 나 스스로 10킬로미터를 훈련한 후 하프 마라톤을 하고 그 뒤 마라톤 풀코스를 훈련한 방법이다. 그게 제품부터 사람들과의 관계에 이르기까지 내 인생의 뒤에 숨은 전략과 의도이며, 효과가 없었던 적은 거의 없었음을 고백한다. 복잡하지 않다. 그저 세 가지 구성 요소만 있으면 된다. 요령은 우리가 기대하는 일반적인 순서대로 이 요소에 접근하는 것이다.

우리는 하나에서 시작해서 두 개로 가서 세 개로 끝난다. 다만 2단계가 뭔지 모른다면 혼란스러워진다. 또한 만약 해본 적이 없다면 그 단계들이 무엇인지 모른다.

순서를 뒤집어서 결승선에서 시작해 내가 어디에서 출발하는지를 생각하면, 한 단계에서 다음 단계로 가는 중간 단계를 더 쉽게 정의할 수 있다. 내가 하는 방법은 다음과 같다.

• 결승점

반드시 마지막에서 시작해야 한다. 반직관적일 수도 있지만, 이건 어떤 방향으로 나아가야 하는지를 알아내는 데 매우 효과적이다. 이제 우리는 명확하고 정의로운 목표 하나, 지금 우리가 집중하고 있는 목표 하나를 갖기 위해 충분히 노력했다. 그게 우리의 시작점이다.

이 로드맵 전략으로 처음에 나는 요리책을 쓰고 싶었다. 당시에 나는 음식 블로거였고, 요리책을 내는 것이 가장 궁극적인 목표처럼 느껴졌다. 그때는 그게 나의 결승점이었다.

• 출발점

이제 우리가 어디로 가고 싶은지 알았으니 자기 자각을 해야 하고, 우리는 어디에서 출발했는지 자신에게 정직해야 한다. 우리가 가진 어떤 자산, 자원, 그리고 습관이 우리의 여정에 도움이 될 것인지 평가해야 한다. 그리고 그것들을 어떻게 확장하고 기하급수적인 성장을 위해 사용할 것인지도 고민해봐야 한다.

우리를 궤도에서 탈선시킬 만한 습관이 남아 있는가? 그것을 끊어내기 위해 우리는 어떤 계획을 세웠는가? 요리책을 위한 나의 출발은 좋았다. 음식 블로거인 나를 도와주는 사진작가들과 디자이너들과 음식 스타일리스트가 있었기 때문이다. 비록 보조 작가와 기획자가 없어서 그런 분야의 경험은 없었지만 나는 자신에게 굉장히 솔직했고 목표에 도달하기 위해 열심히 했다.

• 이정표 + 거리 표지판

우리가 어디로 가고 있는지와 어디서 시작했는지를 알았으니 다음 단계는 목표에 가까워지도록 도와줄 만한, 우리가 생각할 수 있는 모든 것을 브레인스토밍하는 것이다. 훌륭한 브레인스토밍은 항상 좋은 질문들과 함께 시작한다.

예를 들자면 요리책 계약을 어떻게 할 수 있을까? 당시에 난 아무것도 몰랐기 때문에 구글에 무작정 그런 질문을 올렸다. 여러 사람이 답변해주었고, 나는 하나라도 놓칠세라 다 받아 적어 큰 아이디어 수프에 담았다. 그런 것을 나는 '필기하는 브레인스토밍 세션'이라고 부르는데, 아이디어 수프가 담긴 그릇은 항상 가능성이 많고 다소 지저분해 보이기 마련이다. 수프를 만들 때마다 내 목표는 어떻게 갈지에 대한 아이디어를 최소 20개 이상 찾는 것이다. 내가 생각할 수 있는 모든 것을 적고, 이게 브레인스토밍인 이상 그 아이디어가 좋은지 아닌지를 생각하지 않는다. 그냥 적는다.

책 기획서를 만들고, 알맞은 출판사를 찾고, 소셜미디어 팬을 늘리고,

해당 분야의 전문가로 자리매김하고, 광고를 연구하고, 그래픽 디자이너를 고용하고, 사진작가를 고용하고, 레시피 테스트를 하고 등등.

이 수프에서의 문제는 압도적이라는 사실 외에 너무 여러 가지 방향이 나올 수 있다는 것이었다. 분명한 방향을 정해야 브레인스토밍 페이지가 멋진 바퀴를 돌릴 수 있다. 수많은 멈춤과 시작과 비생산적인 시도는 바퀴가 안정적으로 굴러가게 두지 않는다.

브레인스토밍을 보고 내가 가진 모든 아이디어가 괜찮은지 점검해보자. 3가지의 주요 사항은 무엇인가? 만약 그걸 달성했을 때 의심의 여지 없이 나의 목표를 달성하게 해줄 것인가?

20개의 아이디어를 3개로 줄이는 것은 불가능해 보일 수도 있다, 특히 그것들 중 대부분이 조금이라도 도움이 될 수 있기 때문이다. 하지만 우리는 3개만 생각하는 쪽으로 방향을 모은다면, 그 3개는 우리가 길을 잃었을 때 원래의 길로 돌아오게 해주는 이정표가 될 것이다.

⋮

내가 누구인지는 지금 내리는 결정으로 정해진다

우리는 어떤 선택을 할 것인가? 최종 목표로 가서 자신에게 묻자, 이전에 거쳐야 할 단계는 무엇인가? 그런 후 거기에서 오는 다음 두 개의 이정표를 선택하자. 이정표가 중요한 것은 우리가 목표에 도달하기 위해 거치는 단계마다 유익한 정보를 주기 때문이다.

물론 부족함에 집중하지 말자. 각각의 이정표를 어떻게 만들 것인지도 걱정하지 말자. 가는 길에서 위험한 일이 생기면 어떻게 막을 것인지도 걱정하지 말자. 방법에 집착하면 우리는 어디론가 나아가기가 어려워진다. 지금 당장 우리는 '어떻게'에 집중하고 있지 않다. 우리는 '무엇'에 집중하고 있다.

웨딩 이벤트 대행 사업을 한다고 하자. 여기에서 3번째 이정표는 몇몇 고객을 찾는 것이라는 뜻이다. 그렇다면 2번째 이정표는 나의 잠재 고객이 내가 하려는 사업을 잘 이해하게 하는 것이다. 그러려면 어떻게 해야 할까? 포트폴리오와 인스타그램 계정을 통해 잠재적 신부들이 볼 수 있는 웹사이트가 절대적으로 필요하다.

만일 보여줄 만한 작품이 아직 없다면 이 중 어떤 것도 해당하지 않으므로 첫 번째 이정표는 해당 콘텐츠를 만들어내는 것이어야만 한다. 내용은 어떻게 얻는가? 사진작가는? 플로리스트는? 웹사이트의 콘텐츠를 디자인하고 제작하기 위해 누구와 협업해야 하는가? 내 포트폴리오에 있는 사진을 대가로 다른 웨딩 플래너들과 함께 시간을 보내야 하는가? 다른 사람들은 어떻게 포트폴리오를 만드는가? 내가 읽을 만한, 그 주제와 맞는 책이 있는가? 내가 팔로우할 만한, 그 주제를 잘 아는 인플루언서가 있는가?

다음 단계로 어떻게 넘어가야 할지 모를 때마다 나는 가능성이 있는

여러 가지 리스트를 만들어 이런 것들로 웹사이트의 페이지를 채워나
갔다.

내가 이 책을 내기 위해 원고를 쓰는 동안 《나를 바꾸는 인생의 마법》
은 전 세계에서 번역 출판되었다. 현재 〈뉴욕타임스〉 베스트셀러 1위
가 되었으며, 전 세계 여성들이 자신의 삶에 얼마나 도움이 되었는지
수천 개의 쪽지를 보내온다. 정말 엄청난 선물 같았다! 내가 상상하지
못할 만큼 얼마나 크고 멋진 축복인가. 어떤 사람들은 그 책이 성공해
서 이 원고를 더 쉽게 썼을 거라고 생각할지도 모르겠다. 아니다. 글쓰
기가 내게는 항상 어렵다. 그것은 늘 가슴 한쪽에 남아 있는 응어리이
기도 하다. 이미 여러 번 해왔던 일임에도 불구하고, 그리고 성공했던
경험이 있음에도 불구하고 결승점까지는 언제나 고군분투이다. 로드
맵이 마술처럼 그 길을 쉽게 가도록 만들어주는 게 아니란 것을 알지
않는가. 로드맵은 그 길을 효과적으로 갈 수 있게 만들어주는 방편일
뿐이다.

그러니 박차고 일어나 당신을 각 이정표에 데려가줄 표지판을 군데
군데 만들기 시작하자. 그게 뭔지 잘 모르겠다면 더 나은 질문을 자신
에게 해보자. 또한 그 모든 가능성들에 대해 놀라지 말자. 시작할 때의
우리 목표는 거대한 것 같은 느낌이 든다.

코끼리가 먹이를 먹는 방법을 아는가? 한 번에 한 입! 처음 목표를
향해 노력하기 시작할 때는 그 목표에 압도당하기 쉽다. 해야 할 일은

너무 많고 시간이 충분하지 않을 수도 있다. 또한 압도적으로 느껴지면 한 번에 너무 많은 일을 하려는 게 원인일 수도 있다. 천천히 하자. 매일 리스트를 작성하자. 매주 리스트를 작성하자. 매달 리스트를 작성하자. 이제 다시 확인해보자. 이 리스트에 있는 모든 게 다음 이정표에 도달하게 하는 데 도움이 되는가? 아니라면 다시 수정하고 다시 집중하자.

이제 우리의 로드맵이 완성되었다. 다음 단계는 거의 나머지 단계를 알아내는 것만큼이나 중요하다. 모든 것을 걸자. 바로 행동을 취하자. 월요일이 아닌, 새해가 아닌, 다음 달이 아닌, 바로 지금 오늘이다. 로드맵의 첫 번째 이정표에 새겨진 행동을 과감하게 개시하자.

처음에 로드맵을 만드는 것이 엄청난 행동이라고 생각할 수도 있다. 하지만 거기에서 멈추면 원점이다. 한편 많은 사람이 모든 것을 걸기는 쉽지만 오래 유지하지 못한다. 무엇인가 일이 일어나고, 삶이 방해를 받고, 그러다 다시 술을 마시기 시작하며 무너져버릴 수 있다.

"아, 이제 내리막길이야."

그래서 유지하기가 힘든 것이다. 모두가 쓰러지고, 모두가 미끄러지고, 모두가 실수하고, 모두가 길을 잃을 수 있다. 하지만 많은 사람이 자기 목표를 향해 가고 있듯이 나도 내가 가진 로드맵을 따라가야 한다. 무슨 일이 일어났든, 우리가 뭘 했든, 하지 않았든, 창피함으로 모든 걸 극복하려는 것은 어리석은 생각이다. 실패해도 그것은 끝난 일이고, 이미 과거로 지나간 일이다. 나를 괴롭히는 건 아무것도 변하지 않는다. 그리고 죽음 이외의 모든 것은 일시적이니, 내가 누구인지는 지금 내리는 결정으로 정해진다는 사실을 잊지 말자.

자신감 키우기

자신감은 자신을 의지할 수 있다는 믿음이다. 자신의 직감을 믿는 이 신념은 사람과 상황에 따라 다르게 적용되지만 우리 삶에서 매우 중요한 역할을 하는 게 사실이다. 만약 내가 스스로 부족한 엄마라고 느낄 때, 멋있는 여자 보디빌더를 보고 부럽지만 나는 어차피 될 가능성이 없다고 느낄 때, 나의 삶은 이미 병들어 있는 것과 같다. 자신감이 중요한 것은 그것이 나를 살아가게 하는 힘이 되고 나만의 기술이 되기 때문이다.

자신감은 선천적으로 가지고 태어나는 것이 아니지만, 만약 특별하게 자랐다면 어려서부터 서서히 몸에 스며들기도 한다. 역으로 자신감은커녕 자존감이 낮게 성장했다면 자신감을 스스로 키우고 추구해서 자신만의 프라이드를 만들어야 한다.

∶

당신은 외모를 통해 자신감을 얻는가?

〈멜로즈 플레이스Melrose Place(1990년대의 인기 청춘 드라마를 리메이크한 드라마)〉에 나오는 '로스앤젤레스의 901'이라는 미용실. 나는 여기에서 지금 노트북으로 이 글을 쓰고 있다. 아름다운 20대들로 짜인 팀이 나의 머리 뿌리를 염색하고 내 얼굴에 하이라이트를 넣기 위해 애쓰고 있다. 이 과정이 다 끝나면 이 미용실에서 지금까지의 나보다 더 멋지고 예쁜 모습을 보게 될 것이다. 비용은 좀 비싸지만. 나는 붙임머리와 속눈썹 연장을 했고, 5년 전에는 출산 후 처진 유방 성형수술도 했다.

모든 사람이 육체적인 외모에 그만한 시간과 돈을 쓸 수 없다는 것을 잘 안다. 심지어 어떤 사람은 내게 이런 말을 던지기도 한다.

"당신은 우리들한테 자신을 있는 그대로 사랑하라고 말하면서, 어떻게 화장에 그렇게 돈을 쓰고 몇 시간 동안 염색을 하죠?"

나의 위선적인 모습에 등을 돌리는 사람도 있을 것이다. 그런데 나는 본래 남의 말에는 신경을 쓰지 않는 사람인 데다 화장을 아주 좋아하는 사람이다. 화장하는 과정이 재미있고, 화장한 후의 내 모습이 내 마음에 들고 늘 예술이라는 생각까지 할 정도이다. 화장은 내 기분을 좋게 만들어주고, 내 기분이 좋아질 때 나의 자신감이 상승하기 때문에 여기에 많은 돈과 시간을 투자하는 게 사실이다.

거의 모든 사람은 마음과 생각, 정신이 중요하다는 교육을 받고 자란다. 나도 한때는 나를 보다 자신감 있게 만들기 위해 내면을 보라거나, 기도를 하라거나, 긍정을 말하라고 얘기하는 많은 책을 읽었다. 정말 나를 향상시키기 위해서 몇 년 동안 수많은 시도를 했다. 하지만 별로 효과가 없었다.

그리고 많은 여성은 자신의 외모를 자신감으로 내세우면서 살지 않는다. 다만 내가 아는 많은 여성은 자기가 원하는 외모일 때 더 안정적이고 더 자신감을 갖는다. 특히 자신의 외모에서 자신감을 얻는다는 것은 특정한 스타일이 아닌 자신만의 스타일을 갖는 것이라는 게 내 생각이다.

나는 2003년부터 2016년까지의 내 모습을 보여줄 수 있는 그림책이 있으면 좋겠다. 과거의 레이첼에게 공평하게, 시간이 지나면서 내가 이렇게 나아졌다고 느끼게 하고 싶기 때문이다. 그 옛날의 나는 게을렀고 의기소침했으며, 체형에 맞게 옷을 입거나, 머리나 화장으로 멋을 부리는 법을 몰랐기 때문이었다. 모른다는 사실이 나를 불안하게 만들었지만, 난 그걸 사실 인정하지 않았다.

대신 큰 소리로 난 '그런 여자'가 아니라고 선언했다. 내가 투쟁적으로 자신의 외모에 너무 신경 쓰는 여자들은 잘못된 것이고 바보들이라고 말하는 동안, 나는 약간의 아이라이너와 약간의 립밤을 바르고 자연 바람으로 말린 곱슬머리를 틀어 올렸다. 그렇다, 모순 덩어리였다.

그렇다면 왜 매번 내가 방송이나 텔레비전에 나가기 위해 머리와 화장을 한 게 좋은 결과를 만든 것처럼 느껴졌을까? 화장을 할 줄 알았을 때 나는 왜 남편과 데이트를 계획했을까? 어떻게 내가 예뻐 보일 때마다 항상 기분이 좋고 에너지가 많고 좋은 태도를 유지했을까? 그건 자신의 모습이 아름다울 때 느끼는 그 기분이 좋기 때문이다. 그것은 성인으로 살아가는 동안 나의 큰 배움의 과정이었고, 본래는 가슴 수술에서 촉발되었다고 해도 과언이 아니다.

사실이다. 나는 가슴 수술을 받았다. 인정하기에는 미친 짓 같지만 나는 인정하고 있다. 여러분 중 일부는 아마 "좋겠네!"라고 할지도, 약간 부러워할지도 모른다. 그것은 아기를 낳고 무너진 몸매로 속상해하는 모든 여자의 꿈일 수도 있다. 그러나 내게 "당신은 모든 페미니스트들에게 수치야!"라고 공격적으로 날을 세울 수도 있다.

나는 수영복을 입는 게 싫었다. 브래지어 없이 나가는 것도, 심지어 상반신을 노출한 채로 남편 앞에 있는 것도 싫었다. 그런 내가 너무 하찮은 것에 집중하는 것일까 하는 생각에 빠지면 우울하기까지 했다. 데이브는 아무 말도 하지 않았고, 항상 그랬던 것처럼 변함이 없었다.

하지만 나는 고민과 수치스러움에 빠진 나에게서 벗어나고 싶었다. 그래서 수술을 받았고, 그 수술은 나를 위해서 하고 싶었던 일이다. 그

것이 나를 더 자신감 있게 할 거라는 것도 느끼고 있었다.

물론 항상 내가 말해왔던 것과 다르게 행동한 나를 어떻게 스스로 받아들일지 고민도 했다. 내게는 심각한 일이었지만, 한편으로는 허영심을 위한 행동이었기에 스스로 쉽게 납득할 수 없는 일이기도 했다. 나는 그동안 스스로 허영심이 많은 사람이 아니라고 생각하며 살았고, 하루 종일 앉아서 내 외모에 집착한 적도 없었고, 외모로 다른 사람들을 판단하지도 않았다. 따라서 정신이나 마음을 더 소중하게 여기고 그런 것을 발전시키면서 성장하자고 주장하는 여자가 뒤에서는 자기 외모 가꾸기에 열중한다? 나를 아는 사람들이 받아들이기 힘들겠다는 불안감이 엄습하기도 했다.

하지만 다른 사람이나 자신에 대해 스스로 더 심오한 판단을 내리는 것은 아무 도움이 되지 않는다는 결론이 나왔다. 어쩌면 갑자기 파격적인 스타일을 하거나, 스키니 청바지를 입거나, 킬힐이나 발뒤꿈치가 보이는 부츠를 신어볼 수 있고, 그걸 싫어할 수도 있는 것은 개인 취향에 불과하다는 것 또한 사실이다. 논리적으로 일치하지는 않지만 모든 일에는 양면이 있다는 사실을 인정해주는 마음을 갖지 않으면 절대로 남의 사정을 알 수 없다. 그러니 만약 내가 하는 일에 자신이 있다면 지금 하는 게 뭐든지 개의치 말고 계속하자.

끝내 나의 외모가 맘에 안 들면 나를 기다리는 것은 무엇일까? 그냥 이렇게 사는 것이 인생이라는 결론이 나는 것인가? 이제 그런 생각에

도 너무 집착하지 말자.

사실 고등학생 때 우리가 어떻게 옷을 입었는지, 머리 스타일을 어떻게 하는지 몰랐으면 어떤가? 그것은 이미 오래전 일이고, 우리는 더 이상 그때 그 소녀가 아니다. 똑같은 말이지만 지금이라도 유튜브의 힘을 빌리자. 우리가 알고 싶은 것은 거기에서 공짜로 다 보여준다. 머리를 예쁘게 마는 법, 화장하는 법, 키 작은 여자가 최고의 옷을 골라서 어울리게 입는 법, 흰 청바지를 입는 법 등등.

말 그대로 나도 지난 5년 동안 배운 모든 것이 거기에 있다. 믿지 못하겠으면 나의 지난 인스타그램에 가서 뒤져보면 된다. 여러 사람이 나한테 '헐, 이거 뭐 입은 거야? 이 머리랑 눈썹은 또 뭐야?' 하던 시절이 나에게도 있었다. 점점 진화하는 내 모습을 보면 마음이 풀릴지도 모른다. 그러니 나의 외모가 마음에 들지 않는다면, 나의 스타일이 마음에 들지 않는다면 원인을 알아내고 자신에게 어울리는 투자를 하면 된다.

∴

당신은 기술을 쌓고 마음을 단련하는가?

약 10년 전쯤 나는 로스앤젤레스에서 이벤트 플래너로 성공한 여자의 아이콘이었고, 상류층만 진행하는 고급 웨딩 이벤트에는 내 이름이 꼭 올라갔었다. 나는 내가 하는 일을 좋아했고, 수년 동안을 아주 예민하고 까칠한 신부들 뒷바라지와 최고의 신부 만들기에 몰두해 큰 성공을 거두었다. 주말에 결혼식을 많이 올리기 때문에 나는 일 년 내내 거의 주말마다 일했고, 내가 운영하는 웨딩 플래닝 회사의 브랜드 파워를 높이면서 더 규모가 큰 이벤트 회사로 발돋움할 기반을 마련하는 데도 애썼다.

언제나의 나처럼 새로운 일을 시도하고 결승점을 찾고 거기서 로드맵을 만드는 습관은 종합 이벤트 회사의 설립에 큰 도움이 되었다. 내가 염두에 둔 일은 '선댄스 영화제The Sundance Film Festival(영화배우 로버트 레드포드가 후원하고 설립한 세계 최고의 독립영화제로 매년 1월에 유타주에서 열림)'의 이벤트였다. 영화제는 매우 화려하고 유명 인사들로 가득 찰 것이며, 내가 진행할 수만 있다면 회사와 내가 한 단계 업그레이드할 수 있는 좋은 기회가 될 것이 확실했다. 이 대목에서 보통 사람들은 "어림도 없지. 그렇게 큰 이벤트를 너희 회사가 어떻게 할 수 있어? 그것은 세계 최고들이 하는 거야"라고 비웃는다.

그래도 나는 괜찮다. 나는 남들이 할 수 없다거나 엄두도 못 내는 일에 도전하고 싶었기 때문에, 남들이 뭐라고 하는 것은 상관이 없다.

우선 내가 선댄스 영화제에서 모두 주목할 만한 최고의 이벤트를 기획하고 성공시켜야 한다. 그래서 아이디어를 짜내느라 머리가 터지도록 연구했고, '엔터테인먼트 위클리'가 그 페스티벌을 주관하는 회사라는 걸 알아냈다. 그 회사는 세계에서 가장 크고 화려한 파티를 진행하고, 가장 많은 유명 인사를 모을 수 있으며, 따라서 가장 많은 언론의 주목을 받았다. 그들은 이벤트 업계의 최고였고, 나도 그렇게 최고의 회사와 같이 일하고 싶었다.

물론 당시 나는 그걸 시도할 자격조차 없었다. 모든 행사가 똑같이 만들어지는 것이 아닌 데다 유타의 선댄스 영화제는 다른 이벤트와는 완전히 차원이 다른, 꿈과 같은 무대였다. 그래도 내가 참여하지 않고는 최고 수준의 이벤트를 기획하고 만드는 법을 배울 방법이 없었다. 그래서 거기로 무작정 뛰어들기로 했다. 주변 친구들을 이 잡듯이 뒤지고 찾았다. 친구의 친구에게 엔터테인먼트 위클리라는 회사를 소개해달라고 제안했고, 마침내 이벤트 팀과 통화할 수 있었다.

나는 자존심을 다 버렸다. 그 사람들은 웨딩 이벤트 외에는 별 실적도 없는 내게 아무 관심이 없었다. 전화 통화를 할 때마다 그들은 아주 친절했지만, 내게는 능력 밖의 일이라며 귀찮아하는 것 같았다. 사실 마음으로 뭔가를 할 수 있을 것 같다고 해서 실제로 할 수 있는 것은 아님을 절감했다. 그들의 냉대가 넘사벽으로 느껴져 막막하기만 했다. 당연히 나는 상처도 받았고 크게 낙담했다.

그러나 낙담이 내게 주는 것은 아무것도 없지 않은가. 나는 이후 18개월 동안 매주 엔터테인먼트 위클리의 담당자에게 연락했다. 그녀에게 파티의 영감을 불러오는 소품들, 새로운 음료에 대한 상세한 정보

등을 이메일로 보냈다. 또한 그녀에게 파티와 영화제의 진행자나 도우미들이 입을 수 있는 귀여운 의상이나 독특한 의상도 이야기했다. 영화제에 초대될 최고의 디제이들에 대해서도 다각도로 취합한 정보와 의견을 보고하는 식으로 보냈다.

나는 의도적으로 내가 이만큼 할 수 있다는 식으로 나의 가치를 전달하려고 했다. 그러나 그 작업에 나를 고려해볼 수 있는지는 한 번도 묻지 않았다. 내게로 향한 부담이 없어야 내가 주는 정보를 온전히 수용할 것 같았기 때문이다.

어느 날, 거짓말처럼 그 담당자에게서 갑자기 전화가 왔다.

"우리 선댄스 파티를 지원할 출장 요리사가 필요해요. 그것도 당신이 하죠?"

나는 출장 요리 서비스 회사를 갖고 있지 않았지만, 그동안 그들과 파트너가 될 수 있는 기회를 잡기 위해 열심히 노력했기 때문에 바로 답했다.

"물론이죠! 무엇이 필요한가요?"

선댄스 영화제에서 일할 기회를 잡는 것보다 그때의 내게 더 중요한 것은 없었다. 그리고 내가 완벽한 자격을 가진 것은 아니라도 할 수 있다는 자신감이 있었기에 문제 될 것도 없었다. 선댄스 영화제의 담당자가 내게 준 기회는 일생에 한 번 올까 말까 한 기회였다. 나는 출장 요리사가 아니었지만 수년간 요리사들의 공급 업체와 출장 요리사들과 협력하고 같이 일했기에 그 분야를 잘 알고 있었다.

결국 선댄스 영화제 이벤트에 출장 요리사를 보내고, 그곳에서 눈도 장을 찍은 것을 계기로 나와 회사는 더 성장하게 되었다. 그다음 해에 나는 그렇게 소원했던 이벤트 플래너로 대규모 파티를 진행할 수 있게 되었기 때문이다. 남보다 색다른 것, 남보다 뛰어난 것을 한다는 것은 자신감과 실력, 즉 기술이 뒷받침되어야 가능하다.

그 후로 선댄스 영화제 이벤트와 파티는 우리 회사에서 가장 수익이 좋은 일거리로 자리 잡았다. 실제로 그 일이 시크 사이트The Chic Site(레이 첼 홀리스가 운영하는 라이프 스타일 홈페이지로 1백만 명의 무료 회원이 있다. 다양한 화장법, 패션 센스, 요리법, 건강 다이어트 정보가 정기적으로 업데이트 되고 쇼핑몰도 운영 중이다. 자기계발 관련 인터넷 강의를 하고 매주 일요일에 는 인생의 조언, 맛있는 요리법, 신제품 사용기, 재미있는 이벤트 등을 원하는 회원에게 메일로 보내준다)를 제대로 운영하게 된 시작이기도 하다.

정말 자신감이 없이 풀죽어서 지낸 시간도 많았지만, 그래도 굳센 의 지로 극복해내는 동안 내게 좋은 일들도 많이 있었다. 잘못된 것, 안 되 고 비틀린 것들의 책임을 나 혼자 지겠다고 불면의 밤을 보내고, 실패 한 일 때문에 모두에게 미안해했던 시간도 있다. 나는 아이를 잘 돌봐 주지 못해서, 남편의 뒷바라지를 제대로 못 해서, 부모님께 효도를 못 해서, 친구들에게 도움만 받고 갚지 못해서, 또 더 많은 '못 해서' 때문 에 모두에게 미안한 삶을 살고 있었다.

하지만 곰곰 생각하면 누구한테도 미안할 일은 정말 없다. 그리고 이런 장애물과 망설임, 회의감, 불안을 극복할 수 있게 해주는 것은 나에 대한 확신과 자신감, 실력이라는 사실을 잊지 말자. 우리는 그렇게 살기 위해서 필요한 기술을 쌓고 마음을 단련하고 실력을 키우는 중이다. 늘 잊지 말자.

⁝

당신은 자신감 넘치는 사람과 어울리는가?

몇 년 전 언니는 미용학교를 졸업한 후 어디로 가야 할지 확신이 없이 갈팡질팡이었다. 미용 업계에서 일한다는 생각은 좋았지만, 그 생소하다면 생소한 분야에서 고객을 확보할 자신이 없었던 것이다. 헤어디자이너라면 필수적인 능력을 갖추지 못한 것이다. 결국 언니는 미용실에서 여러 가지 보조 일을 하면서 사람들과의 교류는 좋아졌지만, 여전히 독립적인 미용실을 운영할 수 있는 발판을 닦는 데 어려움을 겪고 있었다.

하지만 운명처럼 지인 한 사람이 언니에게 어울리는 미용 분야의 사람을 구한다는 내용의 이메일을 보내왔다. 그녀는 스파를 소유, 운영하고 있었는데 믿을 만한 관리자가 필요했던 것이다. 그 자리에 여러 다른 사람을 맡겨봤지만 아무도 적합하지 않은 것 같다고 했다. 나는 스파에 대한 설명을 읽는 동안 지나가는 문장 항목마다 점점 더 흥분했다. 나는 곧바로 그걸 언니에게 전달했다.

"언니, 이거 빨리 지원해야 돼!"

나는 우선 문자로 보내면서 마치 소리를 지르듯이 독촉했다. 언니는 미용실에서 일하는 것에 마음을 못 붙이고 있었기 때문에 스파 관리자로서의 길을 찾아갔는데, 그 후 거기에 바로 정착했다.

첫 주에는 언니도 모든 일이 어떻게 진행될지 무척 긴장했다고 한다. 그도 그럴 것이 언니는 로스앤젤레스에 처음 왔고, 많은 교통량과 유동 인구, 사람들의 빠른 일 처리 속도 등에 깜짝 놀랐다. 또한 LA라는 대도시에 처음으로 발을 디딘 촌뜨기처럼 비벌리힐스 근처의 멋진 스파에서 유행에 뒤떨어진 옷을 입은 채 사투리를 쓰는 것에도 잔뜩 겁을 먹었다.

그러나 몇 주 후 나는 지인에게서 언니를 보내주어 감사하다는 이메일을 받았다. 지인은 언니가 뛰어난 직원이라면서 많이 칭찬했다. 물론 나는 기뻤지만 전혀 놀라지 않았다. 이미 나는 언니가 똑똑하고 현명하다는 것과, 엄청나게 열심히 일한다는 것을 알고 있었기 때문이다.

더 놀라운 일은 6개월 뒤에 일어났다. 언니가 완전히 다른 사람이 된 것이다. 언니는 서투르고 불안정했던 모습을 버리고 차분하고 침착한 매니저가 되어 있었다. 언니 스스로 능력에 자신감이 생긴 것이다. 새로운 도시나 새로운 역할이나 다음에 할 일에 대해서도 더 이상 불안해하지 않았다. 자기 의견과 생각을 말하는 것도 두려워하지 않았으며, 다른 사람들의 생각을 걱정하지도 않았다.

내가 데이브에게 말하던 것이 생각난다.

"멜이 얼마나 잘하고 있는지 보여? 어떻게 그렇게 큰 변화가 일어났는지 궁금해."

몇 주 후 나는 언니를 만나기 위해 그녀가 일하는 스파에 갔고 깜짝 놀랐다. 언니는 자기가 하는 일의 전문가가 되기 위해 커리어를 쌓으려고 공부하고 하루 종일 그 분야의 고수들하고 어울렸다. 그러면서 언니는 서서히 삼투압 현상처럼 자신감을 흡수하는 중이었다.

자신감을 가지고 싶은가? 자신감이 넘치는 사람들과 어울리자. 자신감은 배우는 것이 아니라고들 생각하는데 나는 자신감도 배우는 기술이라고 생각한다. 우리가 주변에 나를 어떻게 표현할지 생각해보면 지금 내가 가진 자신감의 면모를 알 수 있을 것이다. 그리고 나를 자신 있게 만드는 시간과 상황에 집중하고 더 많은 기회를 가지기 위해 노력하면 서서히 자신감이 충만해질 것이다.

인내심 기르기

:

남의 중간과 나의 시작을 비교하지 말자

"목표는 정해진 시간이 있는 꿈이다"라거나, "무엇을 하든 스스로 여유를 가져야 한다"라는 말을 들은 적이 있다. 지금까지 살면서 나는 한 번도 빨리 성공한 적이 없기 때문에 이런 말이 낯설다. 만약 내가 스스로 1년이나 2년의 여유를 주면서 뭔가를 했다면 난 이미 오래전에 포기했을 것만 같다. 나는 출판사에서 내 책의 기획서를 진지하게 받아들이고 책을 내게 하려고 소셜미디어를 충분히 키워내는 데에만 2년이 걸렸다. 그뿐인가. 요리책 계약을 하려고 각 출판사들에 기획서를 제출하는 데도 6개월이나 걸렸다. 그 후 요리책은 18개월이 넘어서 세상에 나왔다. 나의 경우는 무엇이든지 언제나 원하는 곳에 도달하기까지 정말 많은 시간과 노력이 필요했다.

방송 출연도 어느 날 갑자기 이루어진 것이 아니다. 정크푸드를 먹어보고 시험하는 일로 지역 아침 뉴스에 나오기까지 나는 많은 시도를 했었다. 그 유명한 〈투데이 쇼〉에 황홀한 마음으로 출연할 때도 나는 남모르게 무척 애썼다.

내가 여기에서 고백하는 것은, 내가 셀프 염색을 하는 대신 진짜 컬러리스트에게 가기 시작한 후 내 머리카락 빛깔이 훨씬 더 예뻐졌다는 사실이다. 그런데 그렇게 되기까지 자그마치 8년이 걸렸다. 목표를 이루는 길은 정말 길고 지루하고 힘들었다. 그건 첫 번째 정크푸드에서 시작되었고, 그 후 나는 더 많은 기회를 얻기 위해 구걸하고 간청하고 또 뛰어다녔다. 나는 방송을 통해 독립기념일 바비큐 파티, 추수감사절 파티를 진행하는 모습을 보여주고 싶었다.

당시에 나는 혼자 일하고 있었기 때문에 누군가에게 방송국 쇼에 출연시켜달라고 설득할 때마다 다른 사람의 도움 없이도 가능한 출연 방법까지 찾아야만 했다. 그래서 나는 쇼가 끝난 뒤 바로 반납할 수 있도록 가격표를 떼지 않고 쉽게 숨길 수 있는 소품들만 사용했다. 혼자 사고 운반하고 디자인하고 세팅한 다음에는 바로 쓰고 바로 치우고 바로 반품하는 일을 모두 했다.

나는 지저분한 화장실의 청소 도구함 안이나 차 뒷좌석(지역 뉴스는 대부분 좋은 대기실이 없다)에서 방송용으로 코디한 옷을 갈아입었다. 어떤 때는 땀범벅이 되어 공들인 화장과 머리가 엉망이 되기도 했다. 그래도 최고의 모습을 보여주기 위해 열심히 했다. 나는 비록 예쁘지 않았지만, 내 테이블은 언제나 성 패트릭의 날부터 식목일까지, 방송국 시청자들이 볼 수 있는 것 중에 가장 재미있고 유익한 정보를 제공하기 위한 준비로 가득 차 있었다.

콧대 높은 언론들을 모두 쫓아다니는 게 너무 힘들었지만, 나는 전용 스타일리스트는 물론 홍보 담당자도, 디자이너도, 사소한 것을 도와줄 조수마저 쓸 돈이 없었다. 내가 유일하게 아는 건 나의 목표였고, 내가 가진 유일한 수단은 노력이었다.

처음으로 전국적인 쇼를 할 기회가 왔을 때는 내가 모르는 주제로 6분 동안 이야기하는 것도 기회를 놓치지 않으려고 기를 쓰고 공부했다. 방송국 PD들과도 관계를 돈독히 했다. 그렇게 노력했지만 한 번 허락 받기 위해서 수백 번 거절당하는 일은 다반사였다.

나는 주변에 핀치 히터(대타)로 널리 알려졌다. 만약 누군가 아프다면 막판에 비행기를 타고 가서 도와주는 사람이었다. 어딘가에서 어느 순간 나타나서 말 그대로 어떤 주제에 대해서도 이야기할 '전문가'가 필요하다면 내가 바로 그 사람이었다. 나는 엉덩이에 불이 나도록 일했는데도 지금의 자리에 오기까지 무려 8년이 걸렸다.

베스트셀러를 내는 데에는 6권의 책과 5년의 시간이 걸렸다. 〈투데이 쇼〉에 출연하는 데에는 8년이 걸렸다. 인스타그램에서 10만 명의 팔로워를 만드는 데에는 수천수만 장에 육박하는 사진과 4년이라는 시간이 걸렸다. 물론 출발점에서 여기까지 오는 데 쉬운 것은 하나도 없었다. 모든 것이 내가 원하는 만큼 빨리 되지도 않았고, 특정한 날짜까지 목표를 달성하지 못했다고 해서 포기했다면 지금의 나는 없었을 것이다.

다른 사람의 중간과 나의 시작을 감히 비교하지 말자. 누군가 우리에게 도중에 종료하는 게 필요하다고 말한다면 과감하게 그런 말은 한 귀로 흘려버리자. 우리가 만든 거리 표지판을 기억하는가? 그건 우리가 통제할 수 있는 것들이다. 그것은 우리가 보다 생산적이고 효율적으로 움직이도록 날짜가 있어야 한다. 하지만 우리의 이정표는 달성하기가 더 모호하고 어렵다. 그걸 돌파하는 데 도움이 되는 것을 찾기 전에 여러 가지 방법을 시도해봐야 할 수도 있다.

우리는 첫 번째 노력이 기대에 미치지 못하고 성에 차지 않을 때 다른 누군가의 성공을 보고 낙담하기 쉽다. 다른 사람의 눈부신 성공과 비교하면 당연히 기대에 못 미친다. 나의 성공 중에 어느 것도 혜성처럼 떠오르지 않았다. 지금 보이는 나는 수십 년 동안의 노력과 집중과, 쓰러질 때마다 다시 일어선 불굴의 모습일 뿐이다.

·
'이게 쉬웠다면, 모두 해낼 것이다'

주변에 아무 연고가 없는가? 아니면 돈이? 아니면 접촉 기회가? 나도 없었다. 정말 아무것도 없었다. 하지만 나는 그걸 보기 위한 결심과 꿈과 인내가 있었다. 그것을 향해 옮기는 발걸음이 나의 여정이 되었다. 우리는 가고 싶은 곳에 가기 위해 싸우고 쟁취해야 목표에 도달할 수 있다.

내가 하프 마라톤을 하면서 도중에 본 것 중에서 가장 좋아하는 표지판은 '이게 쉬웠다면, 모두 해낼 것이다'이다. 그렇다. 누구나 목표 달성이 쉽지 않다. 그래도 우리는 도망치지 않는다. 계속 그 길 위에 기꺼이 서 있고, 다음 단계로 나아가기 위해 계속 노력할 작정이다. 우리는 다른 사람들과 다르기 때문이다.

사람들이 포기하거나, 이탈하거나, 계속 앞으로 나아갈 생각이 없는 것은 그 목표가 일시적이라고 생각하기 때문이다. 이것은 우리가 살아오면서 미디어 같은 것을 통해 길들여진 것이다.

"이걸 해보세요, 이제 저걸 해보세요, 이 다이어트를 해보세요, 이제 이 운동을 해보세요, 이제 이걸 해봐요, 이제 한번 바꿔보세요, 이제 계속 변화시켜보세요."

이런 방식의 권유는 우리가 목표를 성취하는 데 효과적이지 않다. 오히려 혼란만 가중되기 쉽다. 왜냐하면 브랜드와 미디어의 광고, 기획기사에 우리가 흔들리면 거기에는 그들이 우리한테 더 많은 상품을 팔수 있다는 함정이 있기 때문이다.

생각해보자. 50년 전만 해도 살을 빼는 유일한 방법은 간단했다. 먹는 것보다 칼로리를 더 소모하는 것, 아주 간단한 해결책이다. 그런데 그게 쉬운가? 말도 안 된다. 칙필레에서 파는 와플 튀김은 삶은 브로콜리보다 맛있고 먹는 게 훨씬 더 즐거우니 말이다.

다이어트법이 단순하고 간단하다면 다이어트 산업은 존재하지도 않았을 것이다. 그러니 우리는 혼란스러운 100만 가지의 다이어트 묘책에 의해 융단폭격을 당해온 것이나 마찬가지이다. 진정 다이어트를 하려면 우리는 무슨 다이어트를 해야 하는 것일까? 구석기 다이어트를 해야 하는가, 아니면 30일 다이어트, 아니면 황제 다이어트, 아니면 저인슐린 다이어트, 아니면 비건 다이어트, 탄수화물 제로 다이어트, 아니면 글루텐 프리 다이어트를 해야 하는가?

계절마다 시도할 새롭고 다른 다이어트들이 널려 있으며, 그것은 모두 우리가 살 수 있는 제품과 함께 세트로 이루어져 있다. 책, 가루, 냉동식품, 주스, 계획, 프로그램, 약 등 다이어트와 체중 감량에 대한 전문가들의 혼란스럽기만 대책들은 또 얼마나 많은가.

그런데 다른 시각으로 보면 이것도 하나의 사업일 뿐이다. 술 취한 나비처럼 처음 해결책에서 다른 해결책으로 유혹하는 이런 태도는 다른 상품에서도 많이 나타난다. 우리가 잠시 동안 무엇인가를 시도하고, 잘 안 되면 포기하고 또 다른 걸 시도함으로써 우리의 답과 목표를 얻기 위해 노력하는데 정작 얻는 게 하나도 없다는 것이 이상하지 않은가. 일시적인 현상, 일시적인 행동이 만들어내는 결론이다. 그래서 우리 삶의 목표와 꿈은 일시적이면 안 된다. 목표와 꿈은 쉽게 입고 벗을 수 있는 옷처럼 간단한 것이 아니고, 이번 달이나 이번 계절, 이번 해에만 하는 것도 아니다. 우리 삶 전체를 바꾸고 변화시키는 일이다.

만약 집을 사기 위해 돈을 저축하고 있다면 지출하고 저축하는 방식이 완전히 달라져야 한다. 또한 우리가 더 행복하고 특별한 결혼 생활을 원한다면 의도적일지라도 매일 원하는 방향으로 일관되게 결혼 생활을 해야 한다. 우리가 뭘 추구하든 상관없이 강하게 원하는 것은 모든 것을 걸어야만 잡을 수 있다.

많은 프로 운동선수와 전문가들은 한시적으로 훈련하거나 잠시 몰두하는 게 아니다. 지금 이 시간에도 처음 시작했을 때처럼 열심히 훈련한다. 그들은 훈련을 결코 멈추는 법이 없다. 목표를 달성한 후엔 다음, 또 다음, 또 다음을 선택할 것이기 때문이다.

우리도 최고의 모습을 갈망하고 꿈을 이루려면 우리의 삶을 바꿔야 한다. 깊이 파헤치고, 열심히 노력하고, 길게 인내하자. 어떤 일이 있어도 시간은 꾸준히 흘러간다. 어쩌면 우리는 원하는 목표나 꿈을 추구하기 위해, 그 시간이 얼마나 걸리는지에 상관없이 무기한의 시간을 써야 할지도 모른다.

효율적으로
살아가기

:

올바른 방향으로 가고 있는지 체크하자

시간을 낭비하면서 목표와 가까워지지도 않는 바쁜 일에 빠지기는 너무 쉽다. 나도 초보 작가일 때는 겉멋에 빠져서 그랬다. 또한 내가 기껏 쓴 것을 또 읽는 정말 나쁜 습관을 갖고 있었다. 앉아서 한 시간 동안 글을 쓰고, 그걸 45분 동안 읽으며 시간을 보내고, 그러면서 불가피하게 또 수정했다. 어떻게 보면 나는 실제로 어떤 새로운 일도 하고 있지 않았기 때문에 어디로도 가고 있지 않았던 것이다.

혹시 온갖 시간을 들여 목표를 향해 노력했는데 실질적으로 발전을 이루지 못한 적이 있는가? 그것은 우리가 무엇에 집중해야 하는지 몰

1인 블로거에서 미디어제국 CEO까지

랐기 때문일 것이다. 우리에게 필요한 것은 우리가 가진 그 시간을 영향력 있게 쓰는 것인데, 꿈을 추구하기 위한 시간이라고 생각한 것 같다. 생산성으로 위장한 산만한 함정에 빠지지 않도록 하자.

1 결과 리스트와 할 일 리스트를 교체하자

사람은 누구나 할 일 리스트에서 가장 쉬운 일들을 먼저 하며 할 일 리스트를 쓰게 된다. 그러나 할 일 리스트는 우리를 다음 거리 표지판으로 데려가지 않는다. 그러니 할 일 리스트는 덮어두고 결과 리스트를 먼저 작성하자.

2 효율성을 평가하자

목표를 향해 노력하는 사람들 중에 일정보다 더 빨리 가고 싶지 않다는 사람은 없다. 그런데 조금 더 멀리, 조금 더 빨리 거리 표지판에 도달하려면 다른 것을 하지 않고도 오늘 당장 할 수 있는 게 무엇인지 파악해야 효율성이 올라간다.

3 나만의 환경 조성이 좋다

이상적인 공간만 있다면 뭐든지 더 쉬울 거라는 사람이 있다. 아니다. 언제 어디에서라도 내가 하는 일을 계속할 수 있어야 한다. 나만을 위한 완벽하고 좋은 공간은 없다. 또한 그래야만 뭔가를 할 수 있다면 오히려 장애물이 될 뿐이다.

4 산만한 환경을 차단하고 집중하자

생산성을 유지하기 위해 어려움을 겪는 사람들은 주로 산만하다. 집중력이 부족하고 산만하면 애초의 목표를 쉽게 잊을 수 있다. 그러니 목표를 위해 뭔가를 한다면 와이파이 연결도 끊어야 하고 핸드폰을 뒤집어 놓고 음소거를 해서 아무 메시지도 듣거나 볼 수 없게 해야 한다.

5 방향을 체크하자

곁길로 새지 않고 올바른 방향으로 잘 가고 있는지 날을 정해서 체크하면 좋다. 다음 거리 표지판의 방향으로 흘러가고 있는지 자문해보고, 원하는 결과를 위해 무엇을 했는지 반추해야 한다. 나는 이것을 한 주를 계획하기 가장 쉬운 매주 일요일에 직접 체크하라고 추천한다.

아이들이 미친 듯이 행동하고 집이 지저분해지면 나도 화가 나고 와인 한 상자를 다 마시고 싶어지기도 한다. 그래도 긍정적으로 그 상황을 받아들이려고 하는 것은 어떤 상황이라도 긍정적인 것을 찾는 게 행복을 유지하는 방법이기 때문이다.

나는 미친 게 아니라 행복하다. 괜찮지 않다, 지나가는 게 아니다, 그래도 행복하다. 나는 삶의 90퍼센트가 축복이라고 생각할 만큼 아주 행복하고 감사하다. 생각은 감정을 통제하기 때문에 내 생각도 내가 조절한다.

우리가 일상적으로 쓰는 말은 삶의 모든 순간과 함께하며, 좋은 생각이든 나쁜 생각이든 우리의 정신을 지배한다. 그래서 말을 조심해야 한다. 우리는 바보가 아니니 더 이상 나를 바보라고 말하지 말자. 우리는 못생기지 않았으니 더 이상 나를 못생겼다고도 말하지 말자. 가끔 거울 속의 나를 볼 때, 과거에 순간적으로 나쁜 짓을 했어도 나는 나쁜 사람이 아니라고 믿어야 한다. 과거의 실수로 나를 끌어당기면 나는 정말 그 과거로 매몰된다. 부정적인 생각은 머리에서 다 비워버리자.

리더십 기르기

:

우리가 빛나야 세상이 더 밝아진다

나는 초등학교 6학년 때 걸 스카우트 캠프를 가서 사진을 찍은 적이 있다. 지금도 가지고 있는 그 사진 속의 나는 그저 평범한 백인 여자아이일 뿐이다. 그런데 그때의 특별한 경험은 지금 어른이 된 후에도 강렬하게 남아 있다. 왜 그 추억이 그렇게 남다른 것일까? 걸 스카우트로 참여한 캠핑 경험은 2가지 이유로 아직도 내 마음속에 남아 있다. 첫번째는 우리가 지퍼백 안에서 계란을 끓여 스크램블드에그를 만들었기 때문이다. 나는 캠핑을 간 적이 한 번도 없었기 때문에 그런 기술은 굉장히 인상적이었다. 거의 신세계였다.

그리고 두 번째로 나의 절친 아만다와 리더였던 내가 팀 맥그로의 노래에 맞는 율동을 만들고 전체 대원들에게 가르쳤기 때문이다. 춤은 원래 우리가 쉬는 시간에 지루함을 달래기 위해 만든 건데 그 모습이 다른 대원의 리더들에게 아주 귀엽게 보였는지, 나중에 캠프파이어에서 공연하라는 요청까지 받았다. 결국 나는 스크램블드에그도 강렬했지만 리더로 대원들에게 율동을 가르친 첫 경험이 아주 생생한 추억으로 남아 있었던 것이다.

사실 내가 자랄 때 리더십은 소녀들에게 권하거나 할 말이 아니었고, 우리도 스스로를 리더로 생각하지 않고 자랐다. 그러나 뭔가를 해본 사람과 한 번도 해본 적이 없는 사람은 아주 다르다. 자신감도 그렇게 싹튼다. 이제부터 우리는 모두 자신의 삶을 이끄는 리더라는 생각을 하면서 살아야 한다.

나는 지난 5년 동안 온라인과 오프라인에서 비슷한 철학을 믿는 여성 커뮤니티를 구축하는 데 보냈다. 우리의 차이점에도 불구하고, 우리가 공통으로 갖고 있는 것들에 개의치 않고 서로를 환영하고 지지하는 여성 커뮤니티. 우리는 서로에게 또 다른 공간과 꿈을 추구하는 격려를 하고, 또 그 많은 사람이 나의 비전을 공유해주는 것에 축복을 느낀다. 얼마나 많은 여성이 온라인에서 나를 팔로우하고, 내 콘퍼런스에 오고, 내 책을 사는지에 대해 축복과 감사의 마음을 간직하고 있지만, 내 마음속 깊숙한 곳에 간직한 진실이 하나 더 있다.

나는 더 많은 팬을 찾고 있는 게 아니다. 내 인스타그램 피드를 좋아하거나, 내 신발이 예쁘다고 생각하는 여성이 더 필요한 게 아니다. 나는 팬 커뮤니티가 아니라, 리더의 커뮤니티를 만들고 싶은 것이다.

나는 우리가 자기 목적에 따라 각자 모두 잘 살기를 바란다. 우리는 스스로 창조하고, 영감을 주고, 꿈을 꾸기를 바란다. 우리가 새로운 길을 열고 앞서 나간다면, 돌아서서 다른 여성들이 그 뒤를 따라갈 수 있도록 마법으로 길을 밝혀주어야 할 의무가 있다. 우리는 모든 여성이 스스로 원하는 사람이 될 수 있는 기회를 가져야 하고, 모두 그럴만한 자격이 있음을 믿으며 살기를 바라고 있다. 자신의 목표를 추구하는 것은 매우 중요하고, 나는 그것이 행복하고 충만한 삶을 사는 데 필수적인 요소라고 주장하기 때문이다.

물론 꿈을 표현할 수 있는 것만으로는 충분하지 않다. 우리가 추구하는 것을 좋아하고, 그 여정에서 우리가 변하는 모습을 자축할 수 있어야 한다. 우리의 빛이 더 밝아졌을 때 그 눈부심이 다른 사람의 길을 밝혀주어야 한다. 즉, 그들의 더 빛나는 버전이 되어 용기를 줄 수 있어야 한다. 그게 진정한 리더의 모습이다.

리더는 용기를 주고 정보를 공유한다. 우리에게 길을 보여주기 위해 빛을 내준다. 리더는 힘들어질 때 우리의 손을 잡는다. 진정한 리더는 자신의 성공만큼이나 타인의 성공에도 흥분한다. 그들은 우리 중 하나가 잘하면 우리 모두가 함께 일어남을 알기 때문이다. 우리 중 하나가 성공하면 우리 모두가 성공하는 것이다.

나는 이걸 읽는 사람들 모두의 가슴에 마법이 있다고 믿는다. 우리가 세상을 바꿀 수 있다는 걸 안다. 놀라운 것은 우리가 빛을 숨기지 않고 빛나야 세상이 더 밝아진다는 것이다. 그래야 우리는 우리 뒤에 오는 여성들에게 길을 밝혀줄 수 있다.

혼자 가는 길에는
아무도 없다!

가장 쉬운 성공은 그만두지 않는 것이다

《나를 바꾸는 인생의 마법》에 이어 겁도 없이 또 이 책을 낸 것은 텍사스의 목장 어딘가에 사는 네 아이의 열성적인 엄마, 나 레이첼이 사람들과 더불어 더 발전하고 있음을 전하고 싶어서이다. 또한 나는 우리가 어떻게 변하고 어떤 인생을 사는지 알고 싶고, 늘 눈이 빠지게 그런 소식을 기다리고 있다는 걸 전하고 싶어서이다.

우리 서로 누구인지 몰라도, 우리 서로 모든 것이 달라도 서로의 꿈과 성취를 위해 나름 불타고, 이제 우리는 인생을 통제하고 결정할 수 있지 않은가. 그런 우리를 더 힘차고 강하게 하는 콘텐츠 개발에 나는 많은 시간을 쏟으면서, 언제나 우리는 같은 여정을 가고 있는 동지라는 사실을 잊지 않고 산다.

다시 강조하고 싶은 것은 그 어떤 것을 해도 자신을 스스로 믿지 않으면 백약이 무효라는 사실이다. 또한 혼자 가는 길에는 아무도 없다는 사실도 전한다.

침대에서 어서 일어나라고 말할 사람은 없다.

해고된 나의 월세 걱정을 해결해줄 사람은 없다.

체중 감량을 시도한다고 가족들이 비웃어도 혼자 이겨내야 한다.

절제를 잃고 힘들어할 때도 옆에 아무도 없다.

살면서 혼란을 느끼고 힘들어해도 혼자이다.

모든 것을 스스로 포기할 때도 말려줄 사람은 없다.

누군가한테 저항하고 싸워야 할 때도 혼자 싸워야 한다.

나의 일을 해결해줄 사람은 나 말고는 아무도 없다.

우리의 인생이 그만한 가치가 있다고 믿으며 살아야 한다. 모든 것은 매우 간단하게 보여도 하려면 쉽지 않다. 지금 우리가 살고 있는 인생은 손가락 하나 움직이기 싫어도 일해야 하며, 자신을 파괴하는 폭식의 유혹도 살벌하게 끊어내야 한다. 더 행복한 결혼 생활을 하기 위해 배우자와 대화를 나누어야 하며, 불편해도 살기 위해서는 많은 일을 해야 한다. 아이들을 아무리 사랑해도 아이가 원하는 걸 다 주는 대신 올바른 훈육을 해야 한다.

우리는 멋있는 치어리더를 맹목적으로 받아들이는 대신 훌륭한 코치의 지혜와 결단력으로 팀을 이끌어나가듯이 살아야 한다. 즉, 우리는 가정의 분대장일 뿐 아니라 나 자신의 코치가 되어야 한다. 자신을 잘 리드해야 하고, 더 발전하기 위해 도전하는 정신도 잊지 말아야 한다.

우리가 해야 할 일은 많이 있다. 어떤 것도 쉽지는 않지만 생각하기에 따라 간단하기도 하다. 가고 싶은 곳을 찾는 가장 쉽고 빠른 방법은 뭐든지 스스로 그만두지 않는 것이다. 긴 레이스의 시작을 앞두고 있을 땐 막막하지만, 중간에 포기하지 않고 결승점에 이르겠다는 결심은 도전적이지 않은가.

한꺼번에 그리고 단번에 할 수가 없으니 하루씩, 또 조금씩 해야 한다. 하루 전체가 너무 압도적으로 느껴지면 한 번에 한 시간씩 하고 스스로 상기시키자. '이게 바로 나야!'라고. 나의 최고의 모습, 내가 누군지에 대한 꿈을 시각화하고 기억하며 살자. 우리의 가슴 가장 깊숙한 곳에 자리 잡고 있는 그것이 나의 모습이다. 영혼은 항상 우리가 누구인지 알고 있다. 그렇기 때문에 계속해서 심금을 울리고 내 소리를 들어달라고 간청하는 것이다. 그것이 '만약 ~한다면'이 닿는 곳이다.

우리는 항상 더 많은 것을 목표로 두고 있다. 더 풍요로워진 모습이 결국 우리가 되고자 했던 사람이고, 그 비전을 현실로 만들려면 꿈꾸는 것을 부끄럽게 생각하지 말아야 한다. 레이디 가가의 노래처럼 '당신은 이렇게 태어났어요'가 맞다. 나를 다른 사람의 이상적인 생각에 맞추는 것이 내 의무는 아니다. 아니, 맞춰줄 필요가 없다. 나는 그냥 있는 지금의 나로 나를 사랑하면서 살면 된다. 누구한테도 미안해할 필요가 없는 나의 떳떳한 인생이다.

이제 내가 누구인지에 대한 설명은 그만두기로 하자. 내가 되고자 했던 사람이 되어야 할 때라는 걸 잊지 말자.

1인 블로거에서
미디어제국 CEO까지

초판 1쇄 인쇄 2021년 3월 20일
초판 1쇄 발행 2021년 3월 22일

지은이 ｜ 레이첼 홀리스
옮긴이 ｜ 황보윤
펴낸이 ｜ 황보태수
기획 ｜ 박금희
교열 ｜ 양선희
마케팅 ｜ 유인철
디자인 ｜ 김민정
인쇄 ｜ 한영문화사
제본 ｜ 한영제책

펴낸곳 ｜ 이다미디어
주소 ｜ 경기도 고양시 일산동구 정발산로 24 웨스턴타워1차 906-2호
전화 ｜ 02-3142-9612
팩스 ｜ 0505-115-1890
이메일 ｜ idamedia77@hanmail.net
블로그 ｜ https://blog.naver.com/idamediaaa
네이버 포스트 ｜ http://post.naver.com/idamediaaa
페이스북 ｜ http://www.facebook.com/idamedia
인스타그램 ｜ www.instagram.com/ida_media

ISBN 979-11-6394-043-2 13190